Das Getreidemühlen-Kochbuch

Maren Bustorf-Hirsch

Das Getreidemühlen-Kochbuch

FALKEN

Im FALKEN Verlag sind zum Thema Vollwerternährung viele Kochbücher für jeden Geschmack und zahlreiche Gelegenheiten erschienen. Fragen Sie Ihren Buchhändler!

CIP-Titelaufnahme der Deutschen Bibliothek

Bustorf-Hirsch, Maren:
Das Getreidemühlen-Kochbuch / Maren Bustorf-Hirsch. –
Niedernhausen/Ts.: FALKEN, 1989
(FALKEN Bücherei)
ISBN 3-8068-1017-6

ISBN 3 8068 1017 6

Titelbild und Fotos: TLC Foto-Studio GmbH, Bocholt
(auf dem Titelfoto unten: Rotes Hirsotto, Rezept Seite 80,
links: Leinsamenbrot, Rezept Seite 93)
Gesamtherstellung: Neuwieder Verlagsgesellschaft mbH, Neuwied

817 2635 4453 6271

Inhalt

Vorwort

Aus ganz unterschiedlichen Gründen wenden sich heutzutage immer mehr Menschen einer vollwertigen Ernährungsweise zu. Da das Getreide, und zwar insbesondere das frisch geschrotete oder gemahlene ganze Korn, bei dieser Ernährung eine große Rolle spielt, stellt man sehr schnell fest, daß diese ohne eine Getreidemühle nur unter größeren Schwierigkeiten zu verwirklichen ist. Denn erst eine Getreidemühle als unentbehrlicher Helfer öffnet das Tor zu der Vollwertkost!

In diesem Sinne möchte dieses Buch dazu beitragen, Ihnen die Bedeutung des Getreides für die menschliche Ernährung näherzubringen. Es möchte Ihnen behilflich sein, die für Ihre Zwecke passende Getreidemühle zu finden, mit deren Hilfe Sie dann die Rezepte ohne Schwierigkeiten ausprobieren können. Nicht zuletzt möchte ich Ihnen damit natürlich auch die Vollwerternährung so richtig schmackhaft machen.

Maren Bustorf-Hirsch

Vollwerternährung – Voraussetzung für Ihre Gesundheit

Die Vollwerternährung ist keine Diät, sondern eine Ernährungsweise, die von jedem ohne besonderen Aufwand im täglichen Leben praktiziert und dabei sehr individuell gestaltet werden kann.
Im Mittelpunkt steht dabei das Lebensmittel in seiner natürlichen Beschaffenheit. Je weniger es verändert bzw. verarbeitet wird, je frischer es ist und je weniger Schadstoffe es enthält, desto eher gehört es in die Vollwertküche. Das bedeutet nun aber nicht, daß alles unverändert verzehrt werden sollte. Lediglich der Grad und die Notwendigkeit der Verarbeitung stellen einen Maßstab für die Auswahl der Lebensmittel dar. Lassen Sie mich dieses Prinzip an einigen Beispielen näher erklären:
Mit Ausnahme von Getreidesprossen kann der Körper unbearbeitetes, rohes Getreide nicht verdauen. Deshalb muß es gemahlen, gekocht oder gebacken werden, bevor wir es zu vielerlei Speisen zubereiten können. Werden dabei aber in aufwendigen Arbeitsprozessen die Randschichten und der Keim des Getreidekorns entfernt, so daß nur der Mehlkörper übrigbleibt, so hat solch ein Nahrungsmittel in einer vollwertigen Ernährung überhaupt nichts zu suchen. Denn eine solche Verarbeitungsweise kostet nicht nur viel Energie, sondern dem Nahrungsmittel selbst fehlen auch ganz entscheidende Inhaltsstoffe, die für den Körper wichtig sind. Auch Kartoffeln und Hülsenfrüchte müssen gekocht werden, um sie essen zu können. Unsinnig aber ist es, gezuckertes Apfelkompott als Nachtisch anstelle eines knackig-frischen Apfels zu verspeisen oder Milchpulver bzw. H-Milch statt der unbehandelten Vorzugsmilch zu verwenden.
Der Vollwertkost liegt eine ganzheitliche Betrachtungsweise zugrunde. Sie geht davon aus, daß alle Inhaltsstoffe eines Lebensmittels in einem ausgewogenen Verhältnis zueinander stehen und nicht isoliert betrachtet werden sollten. Aus diesem Grunde wird bei dieser Ernährungsweise auch nicht empfohlen, täglich eine ganz bestimmte Menge an Eiweiß, Fetten, Kohlenhydraten, Vitaminen oder Mineralstoffen zu sich zu nehmen, sondern möglichst abwechslungsreich vollwertige Lebensmittel, wie Vollkornbrot, Äpfel, Möhren, Salat oder Milch, zu essen.
Die Hälfte der täglichen Nahrungsmenge sollte dabei unerhitzt verzehrt werden: Das können frische Gemüse als Salate, frisches Obst, et-

was unerhitztes Getreide, Sprossen, Nüsse, Ölfrüchte und Vorzugsmilch sein. Die andere Hälfte besteht aus erhitzter Kost: gekochte Vollkorngetreidegerichte, Vollkorngebäck, gedünstetes Gemüse, Kartoffeln, Hülsenfrüchte, Milchprodukte aus pasteurisierter Milch und sehr wenig Eier.
Sie sehen schon jetzt, daß in diesem Speiseplan die pflanzlichen Lebensmittel eindeutig bevorzugt werden. Milch, Milchprodukte und ab und zu Eier dienen lediglich als Zugabe, sie werden zur geschmacklichen Verfeinerung ausgewählt.
Bestimmte Nahrungsmittel, wie Fleisch, Fleischwaren, Fisch, Eier, alkoholische Getränke, Kaffee und schwarzer Tee, spielen eine sehr untergeordnete Rolle und sollten, wenn überhaupt, nur äußerst selten und in sehr kleinen Mengen gegessen bzw. getrunken werden.
Unbedingt vom Speisezettel streichen sollten Sie alle Produkte aus Auszugsmehlen und isolierten Zukkern, gehärtete Margarine und raffinierte Öle sowie alle gesüßten Getränke.
Eine so zusammengesetzte vollwertige Ernährung versorgt den menschlichen Körper so gut wie möglich mit allen lebensnotwendigen Nährstoffen, so daß die Stoffwechselprozesse reibungslos und störungsfrei ablaufen können. Dies ist die Grundlage für Gesundheit und Leistungsfähigkeit sowie für die Stärkung der körpereigenen Abwehrkräfte.
Doch menschliche Gesundheit allein ist nicht das einzige Anliegen der Vollwerternährung. Wenn Sie sich wieder verstärkt auf die Ursprünge der Nahrung zurückbesinnen und dabei auch wieder mehr im Rhythmus der Jahreszeiten leben, werden Sie sehr schnell merken, daß Sie damit den Kreis energieaufwendiger Massenproduktion, Massenverarbeitung und Massenvermarktung durchbrechen. Sie werden Ihre Lebensmittel dann auch deshalb bewußt auswählen, weil Sie erkennen, daß wir uns den Luxus eines energieaufwendigen und verschwenderischen Umgangs mit unserer Nahrung angesichts des Hungers in der dritten Welt und angesichts der ökologischen Krise gar nicht mehr leisten können. Diese ökologischen Aspekte ziehen dann auch zwangsläufig eine Veränderung Ihrer gesamten Lebensweise nach sich und lassen Sie nicht zum »Gesundheitsapostel«, sondern zu einem Vorbild für andere werden.

Getreide – Mittelpunkt einer vollwertigen Ernährung

Getreide – das Grundnahrungsmittel Nr. 1

Für den größten Teil der Menschheit bilden Getreide und Getreideerzeugnisse bereits seit Jahrtausenden die wichtigste Nahrungsgrundlage. Sicherlich wurde rein zufällig entdeckt, daß die Samen dieser wildwachsenden Gräser in getrocknetem Zustand haltbar sind und wieder ausgesät werden können. Eine Entdeckung, die von ungeheurer Bedeutung werden sollte, hatten doch bis dahin die Menschen hauptsächlich von der Hand in den Mund gelebt: in Gebieten mit mildem Klima und vielfältiger Vegetation sammelten sie neben diesen Grassamen auch Blätter, Früchte von Sträuchern und Bäumen, Wurzeln, Zwiebeln, Pilze ... und zogen dann weiter. Aller Wahrscheinlichkeit nach reichte im Norden das rein pflanzliche Nahrungsangebot nicht aus, so daß sich die Menschen, um ihr Überleben zu sichern, auch noch auf die Jagd begeben mußten. Erst mit dem gezielten Anbau von Nahrungsmitteln sowie durch eine geplante Vorratshaltung konnten aus den Jägern und Sammlern seßhafte Bauern werden.

Archäologische Funde sprechen für die Entstehung der Getreidebewirtschaftung in Vorderasien, besonders in Mesopotamien, im sechsten Jahrtausend v.Chr. Hier wurden hauptsächlich Weizen und Gerste angebaut. Dieselben Getreidearten wurden dann im fünften Jahrtausend auch in Ägypten kultiviert.

Nach Mitteleuropa kam das Getreide wohl über die Donauländer im vierten Jahrtausend v.Chr. Man kannte damals folgende Sorten: Emmer und Einkorn (Weizensorten), Gerste und Hirse. Etwas später kam dann auch der Hafer dazu. Roggen dagegen wurde erst im ersten Jahrtausend v.Chr. angepflanzt. Da er jedoch robuster als der Weizen ist, trug die später eintretende Klimaverschlechterung in Mitteleuropa viel zu seiner Verbreitung bei.

Aus zunächst nur sehr wenigen Getreidearten wurden im Laufe der Jahrhunderte unzählige Getreidesorten gezüchtet, entsprechend den klimatischen Bedingungen, Bodenverhältnissen und Verwendungszwecken. Dabei entwickelte zunächst jede Region ihre eigene Getreidesorte. So wurde Reis früher hauptsächlich in Asien angebaut, Mais in Amerika und Hirse in Afrika. Heute dagegen lassen sich die einzelnen Anbauregionen nicht mehr strikt voneinander trennen. Man findet überall auf der Welt verschiedene Getreidearten nebeneinander.

Obwohl die Vielfalt der pflanzlichen Nahrungsmittel immer mehr zunimmt, gelten Getreidepflanzen immer noch als die wichtigsten Kulturpflanzen, denn sie bilden für den größten Teil der Menschheit die Nahrungsgrundlage.
So liefert das Getreide nach Angaben der FAO 1980 (Food and Agriculture Organization of the United Nations) 45% des gesamten auf der Erde verzehrten Eiweißes, 9% des Fettes, 64% der Kohlenhydrate und insgesamt ca. 50% der Energiemenge, und das, obwohl z.B. in den Industriestaaten der Getreideverzehr in den letzten hundert Jahren extrem zurückgegangen ist. Einige Zahlen aus der BRD mögen das verdeutlichen: So lieferte um 1800 Getreide noch 52% der gesamten Nahrungsenergie, Anfang des 20. Jahrhunderts noch 35% und heute nur noch 22%. Das liegt hauptsächlich daran, daß Getreide in den westlichen Industrienationen weniger direkt verzehrt wird, sondern zu einem großen Teil als Viehfutter Verwendung findet. Trotzdem oder gerade deshalb hat sich Getreide zum wichtigsten Erzeugnis der Weltagrarwirtschaft entwickelt.
Getreideerzeugnisse gehören zu den preiswertesten und selbst in Notzeiten gut verfügbaren Lebensmitteln. Man kann sie gut lagern, leicht transportieren und somit auch gut mit ihnen handeln.
75% der Ackerbaufläche werden für Getreide verwendet. Dabei erreicht man zusätzlich noch durch zahlreiche Neuzüchtungen, durch hohe Düngegaben und chemische Pflanzenschutz- und Unkrautbekämpfungsmittel eine extrem hohe Ertragssteigerung.
Die größten Getreideproduzenten der Welt sind die Volksrepublik China mit einem Anteil von etwa 17% der Weltgetreideernte, die USA mit etwa 15%, die UdSSR mit 14%, Indien mit 8% und Frankreich mit 3%. Dabei exportieren insbesondere die USA und Kanada, aber auch Australien, Argentinien und Brasilien, Getreide in alle Welt.

Weltgetreideerzeugung 1982
(in Mill. t)
(aus: Lexikon der Biologie, Herder-Verlag, Freiburg im Breisgau, 1985)

Reis	424,4
Weizen	485,7
Mais	452,7
Gerste	160,1
Hafer	44,9
Roggen	29,5
Hirsen	99,6

Getreideernte in der EG 1976
(in Mill. t)
(aus: Brockhaus Enzyklopädie 1980)

Frankreich	31,7
Bundesrepublik Deutschland	18,9
Italien	16,1
Großbritannien	13,9
Dänemark	5,9
Belgien	1,9
Irland	1,3
Niederlande	1,1
Luxemburg	0,1

Die Bedeutung des Getreides in der Ernährung des Menschen

Es ist anzunehmen, daß die Menschen vor der Entdeckung des Feuers die Körner der Wildgräser roh verzehrten, zunächst wohl im ganzen. Später wurden die Körner der besseren Verträglichkeit wegen grob zerstampft, manchmal auch noch zusätzlich mit Wasser verrührt. Die älteste »Zubereitungsart« dürfte das Rösten sein, denn man hat geröstete Gerste aus der Eiszeit gefunden und weiß, daß bei Ägyptern und Griechen das Rösten und Darren von Getreide üblich war. Gedarrtes Getreide ist leichter verdaulich, da es durch die Hitzeeinwirkung zu einer Aufspaltung der komplexen Kohlenhydrate sowie zu einem teilweisen Abbau der in Wildgräsern enthaltenen Bitterstoffe kommt. Das Getreide schmeckt deshalb dann süßlicher. Zudem werden durch den Röstprozeß Getreideschädlinge vernichtet, und die Körner sind dadurch wesentlich besser lagerfähig. Außerdem konnte auch die schwere Mahlarbeit durch den Röstprozeß erheblich erleichtert werden.

Im Süden der Sowjetunion ist das Darren von Getreide auch heute noch üblich: Die Einwohner tragen oft gedarrte Getreidekörner in den Taschen und knabbern sie zwischendurch.

In der Vollwerternährung machen wir uns diese Methode ebenfalls zunutze; viele Menschen verwenden gedarrtes Getreide, entweder stellen sie es selbst im Backofen her, oder sie kaufen sogenanntes Thermogetreide und Thermogrützen.

Schon sehr bald fing man aber an, die Getreidesamen nicht nur zu rösten, sondern auch zu kochen. Dabei wurden wohl erst einmal die ganzen Getreidekörner auf dem Feuer in Wasser weich gekocht. Als es dann gelang, die Körner zu zerstampfen, zu schroten oder zu mahlen, konnte man mit Wasser eine homogene Masse herstellen: der Getreidebrei war geboren. Mit dieser Zubereitungsart standen den Menschen dann unheimlich viele Variationsmöglichkeiten offen. Sie konnten Gemüse, Obst, Nüsse und Ölfrüchte sowie Gewürze je nach jahreszeitlichem Angebot unter den Brei mischen. Sie konnten ihn dünnflüssig als Suppe verzehren oder dickflüssig als Brei. Noch heute ist er eines der beliebtesten Gerichte auf der Welt, denn vier Fünftel der Menschheit ernähren sich heute noch ausschließlich von Brei, nur ein Fünftel dagegen von Brot.

Auch das erste Backwerk entstand wohl aus einem Brei. Man ließ ihn auf erhitzten Steinen in der Sonne trocknen oder röstete ihn in heißer Asche. Das Ergebnis waren Fladen. Sie waren weich, solange sie noch warm waren, steinhart, dafür aber lagerfähig, sobald sie kalt wurden. Noch heute werden Fladen dieser Art in abgelegenen Alpentälern, in Skandinavien und in vielen Teilen Asiens gebacken.

Das erste Brot entstand aller Wahrscheinlichkeit nach aus Zufall. Es wird erzählt, daß vor etwa 5000 Jahren das Prinzip des Sauerteigs entdeckt wurde. Eine Bäckerin in Ägypten wollte alte, gärende Teigreste nicht wegwerfen, weil Getreide schließlich sehr kostbar war, sondern vermischte sie statt dessen mit frischem Mehl. Sie erhielt dann einen lockeren würzigen Fladen, das erste Brot.

Die Kunde von diesem neuen Brotrezept verbreitete sich über Griechenland und Italien bis in unsere Breiten. Dabei hatten diese ersten Brote bei weitem nicht die Form und die Größe der heutigen. Sie waren flach, rund oder länglich und nicht viel größer als Brötchen.

Das Brotbacken mit Sauerteig setzte sich erst dann endgültig durch, als man verstärkt Weizen und Roggen anbaute. Noch bis vor 50 Jahren wurde bei uns nach der oben beschriebenen Weise gebacken: Vom gesäuerten Brotteig nahm man ein Stück ab und bewahrte es als Sauerteigansatz in einem Steintopf für das nächste Backen auf. Manchmal ging etwas schief, der Sauerteig ging frühzeitig auf, wurde essigsauer und war damit nicht mehr zu verwenden; die Nachbarin mußte dann mit ihrem Teigansatz aushelfen. So ist es nicht verwunderlich, daß man sich bemühte, die Hefepilze, die neben den Milchsäurebakterien in jedem Sauerteig wild wuchsen, für das Bakken zu kultivieren. Heute sind sie als Bäckerei- oder Preßhefe überall erhältlich. Sie verdrängten den Sauerteig von seinem angestammten Platz. Hefe war einfacher und schneller in der Handhabung und reichte zudem als Lockerungsmittel für die meist nur noch aus Weizenauszugsmehl hergestellten Brote und Brötchen vollkommen aus.

Aber selbst dies war für viele in der Verarbeitung noch zu langsam und zu risikoreich, konnte doch beim Backen etwas schief gehen, z.B. wenn zu fette oder zu kalte Zutaten verwendet wurden. Als weitere Vereinfachung wurde daher Ende des vergangenen Jahrhunderts das Backpulver erfunden. Es wird vor allem zum Kuchenbacken verwendet. Damit es noch einfacher und schneller geht, werden Brote heute oft, selbst in Bäckereien, aus Fertigmischungen gebacken.

Die Verträglichkeit von Getreide

Alle reifen Getreidekörner sind hart und zäh und können selbst mit einem guten Gebiß nur schwer zerkleinert werden. Schließlich hat der Mensch auch keine breiten Mahlzähne wie das Pferd und keinen Magen wie die Vögel. Deshalb mußten andere Methoden entwickelt werden, um das Getreide vor dem Verzehr zu zerkleinern. Der Mensch erfand zunächst primitive Steinmühlen, um die Getreidekörner zu zerstampfen, zu zerquetschen und später zu mahlen. Und er röstete und kochte das Getreide. Auf diese Weise wurde es dann verträglich.

Obwohl Getreidenahrung schon seit Jahrhunderten als schmackhaft, nahrhaft und gesund gilt, klagen

doch heutzutage viele Leute darüber, daß Vollkornprodukte für sie unverträglich seien. Sie rufen Verdauungsstörungen hervor.
In den meisten Fällen liegt das daran, daß das Getreide nicht richtig zubereitet wurde. Damit z. B. auch ganze Roggenkörner verträglich sind, müssen diese über Nacht eingeweicht und ein bis zwei Stunden gekocht werden und zusätzlich noch genügend Zeit zum Nachquellen haben. Die kleine weiche Hirse dagegen braucht man nicht einzuweichen, sie benötigt etwa 20 Minuten zum Kochen und Nachquellen. Geschrotetes Getreide ist bereits zerkleinert und benötigt eine wesentlich geringere Koch- und Quellzeit.
Ein zweiter Punkt sollte insbesondere von empfindlichen Personen noch beachtet werden. Unabhängig von der Zubereitungsart wird Vollkorngetreide zusammen mit manchen Nahrungsmitteln nicht vertragen. So sollte man z. B. nicht vor, während oder nach einer Getreidemahlzeit Zucker oder zuckerhaltige Produkte essen oder trinken (gemeint ist isolierter, raffinierter Zukker, der sich in Marmeladen, Kompotten, Torten, Fruchtsaftgetränken, Süßwaren usw. befindet). In seltenen Fällen können auch Eier und Fleisch zusammen mit Vollkorngetreide zu Unverträglichkeiten führen, wobei z. B. gekochtes oder gebratenes Ei wesentlich schlechter verträglich ist als Eier, die in einem Kuchenteig oder in einem Auflauf verarbeitet wurden.
Die Verträglichkeit von Vollkorngetreide kann man durch entsprechende Gewürze, wie Kümmel, Anis, Fenchel und Koriander, positiv beeinflussen.
Außerdem ist auch gedarrtes Getreide wesentlich leichter verdaulich. Hierzu breitet man die ganzen Getreidekörner auf einem Backblech aus, bespritzt sie ein wenig mit Wasser und darrt sie anschließend bei 60 bis 70°C eine Stunde lang im Backofen.
Diejenigen, die anfangen mit Getreide zu kochen und zu backen, sollten zunächst einmal nur kleine Portionen essen und diese sehr gründlich kauen. Außerdem empfehle ich, bei der Zubereitung Getreidegrützen und die leicht verdaulichen Getreidearten, wie Reis, Hirse, Hafer, Buchweizen, Grünkern und geschroteten Mais, zu bevorzugen. Roggen ist am schwersten verdaulich. Vollkornbrot jedoch wird, bei richtiger Zubereitungsweise, langsames Gehen und richtige Triebmittel, gut vertragen.

Der Aufbau eines Getreidekorns

Betrachtet man ein Getreidekorn im Querschnitt, so erkennt man, daß es im wesentlichen aus drei Teilen besteht: dem Mehlkörper, dem Keim und den Randschichten. Die einzelnen Inhaltsstoffe des Getreidekorns sind dabei jedoch nicht gleichmäßig im ganzen Korn verteilt, sondern sie kommen in den einzelnen Bestandteilen in ganz unterschiedlichen Mengen vor.

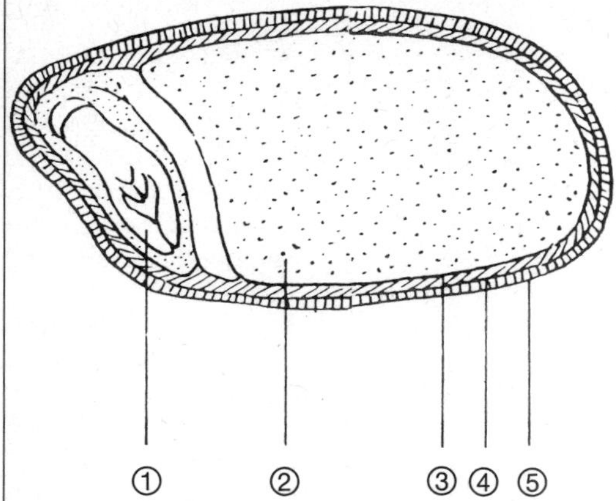

① Keimling (Eiweiß, Mineralstoffe und Vitamine)

② Mehlkörper (Stärke, Eiweiß)

③ Aleuronschicht (Eiweiß, Mineralstoffe, Vitamine)

④ Samenschale (Ballaststoffe, Vitamine)

⑤ Fruchtschale (Ballaststoffe, Vitamine)

So besteht der Mehlkörper hauptsächlich aus Stärke und Eiweiß, hier ist vor allem das Klebereiweiß hervorzuheben, das in erster Linie für die Backfähigkeit verantwortlich ist.
Der Keim enthält die genetische Anlage der zukünftigen Pflanze, er ist der gehaltvollste und wichtigste Teil des Getreidekorns. Er enthält hochwertige Eiweiße (26%) und Fette (10%, einschließlich Linolsäure), viele Vitamine und Mineralstoffe.
Die dunkel gefärbten Randschichten (Frucht-, Samenschale und Aleuronschicht) sind fest miteinander verbunden und ergeben die sogenannte Kleie. Sie enthalten ebenfalls viele Vitamine, Mineralstoffe und Enzyme und darüber hinaus in großen Mengen unverdauliche Ballaststoffe (5 bis 10%).
Alle im Getreidekorn vorkommenden Substanzen bilden ein harmonisch-ausgewogenes Ganzes und haben die Aufgabe, den Keim optimal mit Nahrung zu versorgen, wenn er bei geeigneten Temperaturen und genügend Feuchtigkeit zum Leben erwacht. Denn erst, wenn sich die Keimblättchen und die zarten Wurzeln gebildet haben, ist das zarte Pflänzchen, der Keimling, in der Lage, diese Aufgabe selbst zu übernehmen.
Getreidekörner versorgen aber auch den Menschen in ausgewogener Weise mit lebensnotwendigen Nährstoffen, so daß sein Bedarf durch den Verzehr von Vollgetreide schon zu einem großen Teil gedeckt werden könnte.
So stellt Getreide eine wesentliche Quelle für die menschliche Vitaminversorgung dar, insbesondere der Vitamine der B-Gruppe, Vitamin E und in geringen Mengen Carotin.

Zusätzlich ist Vollgetreide auch eine wichtige Quelle für Mineralstoffe, vor allem Kalium, Kalzium, Phosphor, Eisen, Magnesium, Kupfer, Mangan, Chrom und Fluor. Allerdings ist der Mineralstoffgehalt in den einzelnen Getreidesorten recht unterschiedlich und kann auch innerhalb einer Sorte beträchtlich schwanken, z.B. bei Weizen zwischen 1,4 und 2,5 g/100 g.

Leider wird die Bedeutung der Ballaststoffe häufig unterschätzt. Lange Zeit hielt man diese Stoffe, die unverdaulich sind, für unnötig und entbehrlich, sah sie als »Ballast« an. Kein Wunder, daß daher der Anteil von Ballaststoffen in der üblichen Zivilisationskost stark gesunken ist. Während der Mensch vor 100 Jahren noch durchschnittlich 103 g Ballaststoffe zu sich nahm, verzehrt er heutzutage nur noch 18 bis 30 g. Der geschätzte Tagesmindestbedarf liegt aber bei 40 g. Kein Wunder, daß bei einem so auffälligen Mangel ein Zusammenhang zwischen einer ballaststoffarmen Ernährung und dem Auftreten zahlreicher Krankheiten gesehen wird, u. a. Verstopfung, Fettsucht, Dickdarmkrebs, Divertikulose, Hämorrhoiden, Arteriosklerose, Geschwüre, Gastritis, Magenkrebs und Gallenbeschwerden.

Ballaststoffe haben die Fähigkeit, die Flüssigkeit im Darm zu binden und dadurch den Speisebrei aufzuquellen. Durch das vergrößerte Volumen reizen sie die Darmwände und sorgen so für einen natürlichen, regelmäßigen Stuhlgang. Zudem beeinflussen Ballaststoffe das Wachstum bestimmter Darmbakterien positiv, die wiederum für eine bessere Ausnutzung des Speisebreis sorgen können.

Einige Ballaststoffe sind außerdem in der Lage, im Dickdarm Gallensäuren zu binden, was sich günstig auf den Cholesterinspiegel auswirkt. Zusätzlich haben Ballaststoffe auch noch die Fähigkeit, Giftstoffe in der Nahrung zu binden und schnell auszuscheiden.

Wer ballaststoffreiche Lebensmittel zu sich nimmt, wird wohl kaum an Übergewicht leiden. Diese Speisen müssen nämlich zunächst einmal lange gekaut werden, was sich günstig auf die Zähne und die Vorverdauung im Mund auswirkt. Im Magen verweilen die Speisen länger, dadurch kann nicht so schnell ein erneutes Hungergefühl auftreten. Die Darmfunktionen werden, wie schon erwähnt, aktiviert, das heißt u. a. auch, die Darmpassagezeit wird verkürzt. Zusätzlich haben Ballaststoffe auch noch einen dämpfenden Effekt auf den Anstieg der Blutzukkerkurve nach dem Verzehr von Kohlenhydraten. Das wirkt sich auch günstig bei Diabetikern aus. Alles in allem Grund genug, Vollkorngetreide zu verzehren, das neben Kartoffeln, Hülsenfrüchten und sonstigen Gemüsen die wichtigste Quelle für Ballaststoffe ist.

Getreidearten im Überblick

Buchweizen

Als der Buchweizen im 15. Jahrhundert in Mitteleuropa bekannt wurde, hieß er noch »Türkenkorn«. Die Franzosen nennen ihn Sarasin (von Sarazenen). Man vermutete nämlich, daß die Türken bzw. die Tartaren ihn einst von ihren Beutezügen aus Nepal und China auf dem Seeweg nach Mitteleuropa gebracht haben. Erst viel später erhielt er bei uns den Namen Buchweizen, wahrscheinlich weil seine dreieckigen Körner an Bucheckern erinnern und weil ihn die ärmere Bevölkerung ganz ähnlich wie Weizen verwendete.

Allerdings gehört Buchweizen botanisch gesehen nicht wie alle anderen Getreidesorten zur Familie der Süßgräser, sondern zu den Knöterichgewächsen (wie Rhabarber und Sauerampfer). Er stellt keine großen Ansprüche an den Boden, im Gegenteil, er wächst besonders gut auf sandigen Geest- und Heideäckern. Aus diesem Grund wird er auch als Heidekorn bezeichnet.

Ein weiterer Vorteil: Buchweizen ist äußerst widerstandsfähig, so daß er selbst im konventionellen Landbau nur selten mit Pestiziden behandelt wird.

Traditionellerweise wird Buchweizen heute hauptsächlich in der Sowjetunion und in einigen Gegenden Asiens kultiviert, vereinzelt baut man ihn auch noch in Norddeutschland an. Doch sieht man ihn in letzter Zeit wieder häufiger. Biogärtner schätzen nämlich den schnellwachsenden und anspruchslosen Buchweizen als Gründüngungspflanze und seine vielen weißen Blüten als ausgezeichnete Bienenweide.

Auch für die Ernährung hat Buchweizen einiges zu bieten: Er ist leicht verdaulich und wirkt aufgrund seines hohen Mineralstoffgehalts (insbesondere Phosphor, Kalium, Magnesium, Kalzium, Fluor und Kupfer) und vieler Vitamine aufbauend und stärkend. Er enthält außerdem 12% Eiweiß mit einem hohen Anteil an Lysin. Lysin ist eine essentielle Aminosäure, die hauptsächlich für den Aufbau von Kollagen benötigt wird und in anderen Getreidesorten nur in einem bedeutend geringeren Anteil vorkommt.

In der Küche kann man die ganzen Buchweizenkörner ähnlich wie Reis kochen und zu pikanten und süßen Getreidegerichten verarbeiten. In Norddeutschland bevorzugte man früher die süße Variante, damit der etwas ungewöhnliche Geschmack mit Rosinen oder anderen getrockneten Früchten, Zuckerrübensirup, Sahne und frischen Äpfeln gemildert würde. In der Sowjetunion reicht man Buchweizengrütze zu Borschtsch oder gedünstetem Gemüse. Dort mahlt man auch die ganzen Buchweizenkörner zu Mehl und backt, ebenso wie in der Bretagne, Pfannkuchen daraus. Es handelt sich dabei um die bekannten Crêpes und Blinis.

Durch das leicht nußartige Aroma eignet sich der Buchweizen auch ganz ausgezeichnet zum Kuchenbacken und als Zusatz zum Brotbakken. Besonders profitieren davon natürlich alle Getreideallergiker.

Dinkel und Grünkern

Der Dinkel zählt zu den Weizenarten. Schon etwa 3000 Jahre v.Chr. wurde er im heutigen Israel, in Syrien, im Iran bis hin nach Äthiopien angebaut. Von dort aus breitete er sich erst sehr viel später nach Mitteleuropa aus, wo er dann vor allem in Südwestdeutschland angepflanzt wurde. Ortsnamen wie Dinkelsbühl oder die Bezeichnung Schwabenkorn für Dinkel weisen darauf hin. Damals wurde aus Dinkel hauptsächlich Brot gebacken. Erst nach dem zweiten Weltkrieg ging der Anbau zurück, hauptsächlich deshalb, weil der Ertrag von Dinkel bedeutend geringer ist als der von Weizen. Selbst durch intensive Düngung läßt er sich nicht wesentlich steigern. Hinzu kommt, daß seine Ähren leicht brüchig sind, so daß er sich schlechter mit dem Mähdrescher ernten läßt. Im Gegensatz zu Weizen ist das Dinkelkorn fest von einem Spelz umschlossen. Es muß bei dem sogenannten Gerben sorgfältig entfernt werden.
Trotz dieser offensichtlichen Nachteile hat Dinkel aber auch eine ganze Reihe von Vorteilen, so daß er in jüngster Zeit wieder häufiger angebaut wird. So besitzt Dinkel hochwertiges Klebereiweiß, das ihm etwas bessere Backeigenschaften verleiht, als sie der Weizen besitzt. Sein Aroma ist fein, fast nußartig. Aus diesem Grunde wird Dinkel nicht nur zum Backen von Brot und Brötchen verwendet, sondern auch zum Kuchenbacken. Außerdem stellt man daraus Pfannkuchen und Spätzle her. In den Rezepten kann er anstelle von Weizen verwendet werden.
Grünkern ist den meisten Menschen bekannter als Dinkel, denn Grünkern ist ein Dinkel, der in der sogenannten Milchreife geerntet und anschließend geröstet wird. Man vermutet, daß vielleicht infolge ungünstiger Witterungen Dinkel früher einmal unreif bzw. im Zustand der Milchreife geerntet werden mußte. Die Körner sind dann noch grün, weich, von milchiger Beschaffenheit und sehr feucht. Sie sind zwar sehr aromatisch und leicht verdaulich, aber keineswegs lagerfähig. In der Not legte man die Körner damals in den Holzbackofen. Hier trockneten sie nach und erhielten den leicht aromatischen Rauchgeschmack, der heute Grünkern zur Spezialität werden läßt. Allerdings ist Grünkern aufgrund dieser Hitzebehandlung nicht keim- und allein ohne Zusatz auch nicht backfähig, aber leicht verdaulich. Er eignet sich aber hervorragend zum Herstellen von Bratlingen, Aufläufen, Brotaufstrichen und zum Binden von Suppen und Soßen. Seine olivgrünen, leicht glänzenden Körner und sein würzig-aromatischer Geschmack und Geruch werden besonders von denjenigen geschätzt, die erst anfangen, mit Getreide zu kochen.

Gerste

Die Gerste ist eine der ältesten Kulturpflanzen, die wir auf der Erde kennen. Bei archäologischen Arbeiten in Vorderasien fand man Gerstenkörner, die aus der Zeit um 7000 v.Chr. stammen. Etwa 2000 v.Chr. wurde die Gerste dann auch in Mitteleuropa angebaut. Da sie in relativ kurzer Zeit heranreift und auch keine großen Ansprüche an das Klima stellt, kann sie sogar noch am Polarkreis in Norwegen und im Himalaja angepflanzt werden.
Das Gerstenkorn ist genau wie das Haferkorn fest von Spelzen umschlossen. Bevor die Körner gemahlen werden, müssen sie zunächst durch Dreschen von diesen Spelzen befreit werden. Dieser Vorgang ist ohne Verletzung des Korns und des Keims nur schwer möglich, so daß die Gerste dann meist auch nicht mehr voll keimfähig ist. Allerdings gibt es auch eine spelzenlose Gerstensorte, die sogenannte Nacktgerste, die ausgezeichnet keimt. In Europa wird sie allerdings nur selten angebaut, denn der Ertrag ist bedeutend geringer als bei der bespelzten Gerstenart. In China, Japan und im westlichen Himalaja ist sie allerdings häufiger zu finden.
Nach dem zweiten Weltkrieg hat sich der Gerstenanbau enorm ausgebreitet. Das liegt nun aber leider nicht daran, daß die Menschen verstärkt Gerstengerichte essen, sondern am Bier, das ja bekanntlich aus Gerste gebraut wird.
Gerste hat aber nicht nur in der Ernährung, sondern auch in der Heilkunst schon immer eine große Rolle gespielt. Sie enthält nämlich nicht nur sehr viele Vitamine, sondern auch viele Mineralstoffe. Besonders hervorzuheben ist die Wirkung des Gerstenschleims. Er regelt die Darmtätigkeit, wirkt entgiftend und hat einen beruhigenden Effekt bei Magenschleimhaut- und Darmreizungen. Insofern wird Gerste von allen darmempfindlichen Menschen geschätzt, ist sie doch darüber hinaus noch sehr leicht verdaulich und hat eine kühlende Wirkung bei Fieber. Gerstenschleim ist das ideale Getränk, Gerstenbrei das beste Gericht für Kranke. Aber auch Gesunde schätzen ihren milden Geschmack und ihre Vielseitigkeit in allerlei Gerichten aus ganzen, geschroteten und gemahlenen Gerstenkörnern.
Zum Backen eignet sich Gerste allein allerdings nicht, weil ihr, genau wie dem Hafer, das Klebereiweiß fehlt, das das Brot »zusammenhält«.

Hafer

Hafer ist ein Getreide unserer Breiten, denn es stammt ursprünglich aus Mitteleuropa und gedeiht in feuchtem und kühlem Klima gut. So war es auch das Grundnahrungsmittel der Kelten und Germanen. Auch heute noch wird Hafer hauptsächlich in Skandinavien, Norddeutschland, England und in weiten Gebieten der Sowjetunion und Nordamerikas angebaut.
Hafer ist selbst für den Laien sofort erkennbar. Denn im Gegensatz zu den anderen heimischen Getreide-

arten hat Hafer als Fruchtstand keine Ähre, sondern eine Rispe, in der die einzelnen Körner nicht kompakt zusammensitzen, sondern einzeln stehen. Außerdem besitzt auch keine andere Getreidepflanze ein so saftiges Grün, das sie bis in die Reifezeit hinein behält.

Hafer ist wie Gerste und Reis fest von einer Spelze umschlossen. Diese Spelze ist eine zellulose- und kieselsäurereiche Umhüllung, die für den Menschen nicht verdaulich ist und daher vorher durch Schälen entfernt werden muß. Manchmal finden sich noch Spelzenreste im Hafer, die allerdings leicht weggeblasen werden können. Selbst beim Kochen bleiben sie nämlich hart.

Inzwischen gibt es aber auch eine spelzenlos gezüchtete Sorte, den sogenannten Nackthafer. Ihn verwendet man hauptsächlich zum Keimen. Es handelt sich beim Nackthafer um keine Neuzüchtung, denn Spuren von ihm hat man schon im alten China entdeckt.

Von allen Getreidesorten ist Hafer mit 5 bis 7 g Fett pro 100 g bei weitem das fettreichste Getreide. Da Hafer aber auch einen hohen Anteil an ungesättigten Fettsäuren besitzt, wirkt es sich günstig auf die Blutfettwerte und den Cholesterinspiegel aus. Hafer ist dadurch natürlich äußerst nahrhaft und stärkt auch aufgrund seines hohen Mineralstoffgehalts die körperliche und geistige Leistungsfähigkeit. So gilt dieses Getreide auch als die beste Nahrung für alle Ausdauersportarten, wie Bergsteigen, Skilanglauf oder Jogging.

Hafer enthält neben der Stärke auch schleimbildende Kohlenhydrate, vor allem die sogenannten Glucane. Sie sind für die gute Bekömmlichkeit des Hafers verantwortlich. Aus diesem Grund wird Hafer auch für die Säuglings- und Kindernahrung verwendet und ist für alle magenempfindlichen Menschen ideal.

Im Gegensatz zu Weizen und Roggen ist Hafer ein Breigetreide. Auch ihm fehlt, wie der Gerste, das sogenannte Klebereiweiß. Aus diesem Grunde kann er auch nur als Zusatz beim Brotbacken verwendet werden. Zum Kochen kann man sowohl die ganzen als auch die geschroteten Haferkörner nehmen und allerlei Getreidegerichte zubereiten: süße und pikante Aufläufe, Salate, Suppen, Pfannkuchen, Pudding oder Bratlinge. Das bekannteste Haferprodukt sind wohl die Haferflocken, die sehr gerne im Müsli gegessen werden.

Hirse

Hirse war bei uns bis ins 19. Jahrhundert ein beliebtes Breigetreide, dann wurde es von der Kartoffel und vom Weizen fast vollständig verdrängt. Allerdings kannte man Hirse in unseren Breiten auch erst seit dem Mittelalter, obwohl sie mit zu den ältesten Kulturpflanzen gehört. Schon vor 5000 Jahren bauten Chinesen Hirse an, und auch Ägypter, Sumerer und später die Römer aßen gerne Hirsebrei.

Botanisch gesehen gehört Hirse wie alle Getreidearten zur Familie der

Süßgräser. Sie bevorzugt für ihr Wachstum sandige, aber mineralstoffhaltige Böden und viel Wärme, durch die sie dann bereits in 100 Tagen ausreifen kann. So liegt es auf der Hand, daß die vielen verschiedenen Hirsearten heutzutage hauptsächlich in Afrika, Indien und China angebaut werden.
Hirse ist fest von Spelzen umschlossen. Damit sie überhaupt eßbar ist, müssen diese Spelzen, die übrigens kaum Vitamine und Mineralstoffe enthalten, entfernt werden. Deshalb gibt es Hirse auch fast ausschließlich in geschälter Form zu kaufen. Beim vollautomatischen Entfernen dieser Spelzen kann unter Umständen der Keim verletzt werden. Das dabei austretende Keimöl kann während der späteren Lagerung ranzig werden, man merkt es an einem leicht bitteren Geschmack. Waschen Sie Hirse vor der Verwendung heiß, um anhaftendes Keimöl zu entfernen.
Die entspelzte Hirse ist nur sehr bedingt keimfähig. Um Hirsesprossen herstellen zu können, muß man spezielle Hirsekörner kaufen.
Von allen Getreidesorten ist Hirse nach dem Hafer am besten mit Mineralstoffen und Vitaminen ausgestattet. Dabei ist besonders der hohe Eisen-, Fluor- und Kieselsäuregehalt hervorzuheben. Hirse sorgt somit für kräftige Haare, Zähne, Nägel und gesunde Haut. Darüber hinaus ist sie leicht verdaulich und nicht nur ein gutes Lebensmittel für Menschen mit einem empfindlichen Magen-Darm-Trakt, sondern sie kann auch einen positiven Effekt bei Hautallergieerkrankungen haben.
Aus Hirse kocht man süße oder pikante Gerichte. Gegenüber anderen Getreidesorten hat sie den Vorteil, daß man die kleinen gelben Körner vor der Zubereitung nicht einweichen muß und sie in etwa 20 Minuten fertig gegart sind. Selbstverständlich kann man Hirse auch auf jeder Getreidemühle fein mahlen. Dazu kann man dann auch sehr gut ungeschälte Hirse verwenden. Ihr Mehl kann dann zum Backen von Keksen, Pfannkuchen und Kuchen verwendet werden. Nur Brot kann man aus Hirse nicht backen, weil auch ihr das Klebereiweiß fehlt.

Mais

Mais war die wichtigste Anbaupflanze der süd- und mittelamerikanischen Hochkulturen, der Inkas, Azteken und Mayas.
Archäologen haben in Neumexiko Maiskörner und Maiskolben gefunden und deren Alter mit 3000 bis 3500 Jahren angegeben. Man glaubt heute, daß Mais seit 5000 bis 10000 Jahren angebaut wird.
Europa lernte Mais erst im 16. Jahrhundert kennen. Wie andere südamerikanische Pflanzen auch, wurde er zunächst in den Gärten Frankreichs und Deutschlands als Zierpflanze angebaut, später aber auch als Gemüse verzehrt.
Botanisch gesehen ist Mais mit den anderen Getreidesorten verwandt, aber seine gelben, harten Körner sind wesentlich größer und härter als die Körner unserer einheimischen Getreidesorten.

Die Maispflanze bevorzugt milde, humusreiche Böden mit viel Wasser, ist aber sehr anpassungsfähig, so daß sie auch in den Tropen noch in höheren Lagen gedeiht und in Europa und den USA, vorwiegend allerdings in wärmeren Gegenden, immer mehr angebaut wird. Nur der geringste Teil der Maisernte (in den USA sind es nur 9%) wird für die menschliche Ernährung verwendet, das meiste dient als Viehfutter.

Mais besitzt kein Klebereiweiß und eignet sich deshalb auch nicht gut zum Brot- und Kuchenbacken. Traditionellerweise werden deshalb in Südamerika daraus nur Fladen, die bekannten Tortillas, hergestellt. Allerdings wird Mais besonders gern als diätetisches Lebensmittel verwendet: Für diejenigen, die an einer Unverträglichkeit gegen das Klebereiweiß Glutin (Zöliakie) leiden oder eine Allergie gegen einheimische Getreidesorten haben, ist Mais eine gute Alternative.

Ansonsten wird Mais nur in geschroteter oder gemahlener Form zum Kochen von Maisgrütze (Polenta) in ihren vielfältigen Variationen verwendet.

Im Vergleich zu anderen Getreidesorten ist die biologische Wertigkeit des Maiseiweißes niedriger als bei anderen Getreidesorten. Sie kann aber beträchtlich gesteigert werden, wenn Mais, wie in Südamerika üblich, zusammen mit Bohnen oder anderen Hülsenfrüchten verzehrt wird.

Reis

Reis ist heute in der ganzen Welt verbreitet, denn fast für die Hälfte der Menschheit ist er das Hauptnahrungsmittel. So findet man ihn als Grundlage zahlreicher Nationalgerichte: spanische Paella, italienisches Risotto, türkischer Pilaw oder indisches Reiscurry.

Archäologen können die Spuren von Reis in seinen Urformen bis in die Eiszeit zurückverfolgen, und zwar sowohl in Asien als auch in Afrika und Amerika. Vor etwa 3000 Jahren wurde Reis dann in Japan kultiviert und ist seitdem das Hauptnahrungsmittel aller Asiaten. Dort gilt er als heilige Pflanze und wird als »Erhalter der Menschheit« bezeichnet. Durch die Feldzüge Alexanders des Großen kam er in den Mittelmeerraum, erstmalig angebaut wurde er im Nildelta im 9. Jahrhundert n. Chr. Die Mauren brachten ihn dann nach Spanien, und in Italien lernte man erst im 14. Jahrhundert, wie Reis anzubauen ist. So liegen auch heute noch die Hauptanbaugebiete von Reis in Asien (90%), aber auch in Brasilien und Kalifornien gibt es große Anbauflächen. Der Handel mit Reis ist nicht sehr groß, da die Haupterzeugungsländer nur 5% ausführen. In Europa ist Italien der größte Reisproduzent (1,1% der Welternte).

Beim Anbau von Reis gibt es einige Besonderheiten, denn er ist eine Sumpfpflanze. Zunächst wird er ausgesät und dann als kleines Pflänzchen umgesetzt – eine sehr arbeitsintensive Methode. Anschließend

werden die Felder überflutet, so daß der Reisstengel in einer Schlammschicht steckt. Nach dem Blühen wird dann das Wasser auf den Feldern langsam abgelassen, so daß die Ernte bei trockenem Boden erfolgt. Neben seinem hohen Feuchtigkeitsbedarf liebt Reis Wärme und Licht, an den Boden stellt er nur geringe Ansprüche.
Bei der Ernte enthalten die Reiskörner noch etwa 20% Feuchtigkeit, so daß sie zunächst einmal gut getrocknet werden müssen, um einem Verderb vorzubeugen.
Danach wird der Reis bis zum Verkauf in seiner Spelze gelagert, von der er fest umschlossen ist. Erst dann werden die Körner in speziellen Reismühlen entspelzt. Was übrigbleibt, ist der sogenannte Naturreis (brauner Reis oder Vollreis) mit Silberhaut und Keim.
Meist wird Reis danach aber noch weiter behandelt. Dabei werden, übrigens ganz ähnlich wie beim Weizen, die äußeren Schalen inklusive der Silberhaut und des Keims entfernt und damit natürlich auch alle wichtigen Vitamine, Mineralstoffe, Fette und Ballaststoffe.
Leider wird dieser weiße Reis auch in Entwicklungsländer exportiert und dort als Zeichen des Wohlstandes bevorzugt gegessen. Unterernährung und die Berberi-Krankheit, eine Vitamin-B_1-Mangelerkrankung, sind die Folge.
Um die B-Vitamine zu schützen und eine bessere Lagerfähigkeit zu erzielen, erfand man das Parboiling-Verfahren: Unter Druck werden mit kochendem Wasser ein Teil der Vitamine quasi in den Reiskern gepreßt, eine äußerst energieaufwendige Methode, die trotz allem noch Nährstoffverluste aufweist.
So liegt es eigentlich auf der Hand, für die Zubereitung von Reisgerichten Naturreis zu verwenden – nicht nur aus Gesundheitsgründen, sondern auch wegen des würzigeren Geschmacks. Allerdings muß man eine längere Garzeit einplanen, nämlich 40 bis 45 Minuten. Sie verringert sich um 10 bis 15 Minuten, wenn man Reis vorher etwa 2 Stunden einweicht. Die verschiedenen Reisformen, Langkorn, Rundkorn und Mittelkorn, haben übrigens nur geringen Einfluß auf die Garzeit.
Da Reis selbst wenig Eigengeschmack hat, kann man ihn in der Küche sehr vielfältig zubereiten: mit Gewürzen, Nüssen, frischem Gemüse, Hülsenfrüchten, Obst, als Auflauf oder Risotto oder auch pikant als Salat mit Käse.
Wer seine Ernährung auf mehr Getreidekost umstellen möchte, kann dabei unbesorgt mit Reis beginnen. Er ist leicht verdaulich, liefert reichlich Vitamine der B-Gruppe und Vitamin E, viele Mineralstoffe und begünstigt, ungesalzen gekocht, die Flüssigkeitsausscheidung.

Roggen

Ursprünglich kam Roggen nur als Unkraut in Weizenfeldern vor und wurde erst ca. 1000 v. Chr. in Asien in eigener Kultur angebaut.
Roggen liebt ein kühles Klima und stellt bei weitem nicht so hohe An-

sprüche an den Boden wie Weizen. Aus diesem Grunde wird er auch besonders in nördlichen Gegenden und Bergregionen angebaut. In der Sowjetunion, Polen, Skandinavien, Kanada und Deutschland liegen heutzutage seine Hauptanbaugebiete, im Süden dagegen kennt man ihn fast gar nicht.

Die Roggenerzeugung in Deutschland hat allerdings extrem abgenommen. Wo früher hauptsächlich Roggen verzehrt wurde, dominiert spätestens seit dem 19. Jahrhundert der Weizen. Aber auch schon früher galt er hauptsächlich als Speise der ärmeren Bevölkerung. So urteilte der Römer Plinius (23–79 n.Chr.): »Roggen ist ein minderwertiges Zeug und nur zur Stillung des Hungers gut. Seine Ähre ist zwar körnerreich und ausgezeichnet durch ihr hohes Gewicht, aber sein Mehl ist widerlich durch seine dunkle Farbe. Es wird ihm Weizen beigemischt, um seinen bitteren Geschmack zu mildern, ...«

In der Sowjetunion, wo Roggen ein Grundnahrungsmittel ist, gilt er als kraftvolles Getreide. Sein Eiweißgehalt ist zwar etwas niedriger als der von Weizen, dafür aber ist der hohe Mineralstoffgehalt hervorzuheben. Außerdem ist er ein guter Ballaststofflieferant, der besonders bei Darmträgheit hilft.

Neben Stärke enthält der Roggen auch Dextrine, die für seinen etwas süßlichen Geschmack verantwortlich sind. Lange Backzeiten oder Kochen und Nachquellen fördern diesen und erhöhen außerdem auch die Verdaulichkeit.

Wie Weizen so enthält auch Roggen ein sogenanntes Klebereiweiß, das ihn zu einem ausgezeichneten Brotgetreide macht. Allerdings unterscheiden sich die beiden gewaltig voneinander: Der Roggenkleber liefert niemals so leichte, luftige Brote wie der Weizenkleber. Er muß außerdem vor dem Backen stets gut aufgeschlossen werden. Aus diesem Grunde backt man Roggen fast immer mit Sauerteig oder einem sogenannten Backferment. Bei beiden Triebmitteln wird der Teig über einen längeren Zeitraum in mehreren Stufen zubereitet. Roggenbrote nur mit Hefe gebacken gehen schlecht auf, schmecken weniger aromatisch und sind auch schlechter verträglich. Lebkuchen und Knäckebrot wurden früher immer aus Roggen gebacken, heute allerdings wird bei ihnen meist auch schon Weizen als Getreide verwendet.

Beim Kochen benötigt Roggen eine lange Einweich-, Koch- und Nachquellzeit, damit er gut verträglich ist. Zusätzlich sollte er dann auch noch gut gekaut werden. Durch entsprechende Gewürze kann man seine Verträglichkeit steigern: mit Kümmel, Fenchel, Anis und Koriander beim Backen, mit Lorbeer, Thymian, Majoran und Ysop beim Kochen.

Diejenigen, die erst anfangen mit Getreide zu kochen, sollten den Roggen am besten zunächst einmal in geschroteter Form verzehren, bis sich der Verdauungstrakt an die neue Kost gewöhnt hat. Bei richtiger Zubereitung sind Roggenbrote im allgemeinen von Anfang an gut verträglich.

Weizen

Weizen ist das Getreide, das heutzutage am häufigsten angebaut wird. Es steht an erster Stelle der Weltgetreideproduktion und ist das Grundnahrungsmittel von gut der Hälfte der Erdbevölkerung.
Die Ursprünge des Weizens sind ungewiß. Man vermutet aber, daß er seit etwa 5000 Jahren angebaut wird und zwar in Europa, China, Ägypten, Indien und Babylon. In Europa gehört er auf jeden Fall zu den ältesten Kulturpflanzen der Jungsteinzeit.
Eine der ältesten Weizensorten ist der sogenannte Einkorn, der heute noch wild im Nahen Osten wächst, sonst aber nur noch vereinzelt in Rumänien angebaut wird. Dies nicht so sehr wegen des Mehls, sondern wegen seines Strohs, das man zum Bau von Strohhütten verwendet.
Da Weizen äußerst anpassungsfähig ist, er gedeiht auch gut in mittleren Klimazonen, auf feuchten, lehmigen Böden, konnte jede Landschaft in einer ungeheuren Vielfalt ihre spezielle Weizensorte entwickeln. Doch leider sind diese vielen Sorten nicht mehr gefragt. Heute gibt es im Handel meist nur noch den sogenannten Hybridweizen, bei dem das Getreide auf hohen Ertrag, kurzen Halm usw. gezüchtet wird. Eigenschaften, die für den maschinellen Ernteprozeß wichtig sind und die die Abhängigkeit von chemischen Düngern und Pflanzenschutzmitteln fördern.
Vom Anbau her unterscheidet man Winterweizen, hier erfolgt die Aussaat im Herbst, und Sommerweizen, der im Frühjahr ausgesät wird. Winterweizen bringt zwar meist höhere Erträge, dafür hat er aber in der Regel einen geringeren und schlechteren Klebereiweißgehalt als der Sommerweizen. Der Kleber setzt sich aus den Eiweißstoffen Gliadin und Glutenin (Gluten) zusammen. Sie haben beide ein großes Wasserbindungsvermögen und eine große Elastizität, sie sind somit entscheidend für die Backfähigkeit des Getreides. Diese ist bekanntlich beim Weizen sehr gut, so daß man hauptsächlich Weizenmehl zu Broten, Gebäck und Nudeln verarbeitet.
Leider benutzt man dazu häufig nicht den frisch gemahlenen Weizen, sondern das weiße Weizenauszugsmehl. Bei diesem fehlen die Randschichten und der Keim des Korns völlig und leider damit auch die meisten seiner wertvollen Inhaltsstoffe. Dies sind vor allem die B-Vitamine sowie viele Mineralstoffe.
Weniger bekannt ist, daß man mit Weizen auch kochen kann. Die ganzen Körner, aber auch geschroteter oder gemahlener Weizen werden dabei in Salaten, Aufläufen, Suppen, Puddingen oder Bratlingen zubereitet. Dabei kommt dann der milde Geschmack des Weizens besonders gut zur Geltung.
Hartweizen oder Durumweizen ist, wie es schon der Name sagt, sehr hart. Er besitzt eine glasige Struktur und zeichnet sich durch einen sehr hohen Klebergehalt aus. Man verwendet ihn vorwiegend zur Herstellung von Teigwaren und Grieß.

Getreide – Ausgangspunkt für viele Nahrungsmittel

So lange das Getreidekorn unbearbeitet auf Speichern oder in Lagerhäusern aufbewahrt wird, bleiben alle in ihm enthaltenen Nährstoffe, die in einem einzigartig ausgewogenen Verhältnis zueinander stehen, etwa ein bis drei Jahre erhalten. Dies zeigt sich daran, daß das Getreide während dieser Zeit keimfähig bleibt und jederzeit wieder ausgesät werden kann. Wird das Getreide jedoch geschrotet, gemahlen oder zerquetscht, verflüchtigen sich schon nach drei Stunden die Aromastoffe, und ein allmählicher Zersetzungsprozeß beginnt. Durch die Zufuhr von Licht, Sauerstoff und Wärme werden langsam Enzyme, Vitamine und andere Inhaltsstoffe zerstört. Das Fett beginnt sich zu zersetzen, so daß Mehl oder Flocken schnell ranzig werden. Sechs Wochen später hat das gemahlene Getreide dann kaum noch gesundheitlichen Wert.

Kein Wunder, daß man aus diesem Grunde in der Vollwertküche das Getreide immer erst kurz vor seiner Zubereitung schrotet oder mahlt. **Vollkornmehl** ist also keineswegs unbegrenzt haltbar und somit auch nicht jederzeit verfügbar – es sei denn, der Haushalt besitzt eine Getreidemühle.

Mit der beginnenden Industrialisierung im letzten Jahrhundert überlegte man daher, wie man gemahlenes Getreide, das jetzt in großen Mengen benötigt wurde, länger haltbar machen konnte. Eine Lösung war auch bald gefunden: Entfernt man nämlich beim Getreide die Randschichten und den Keim und mahlt nur den Mehlkörper, so erhält man ein nahezu unbegrenzt haltbares Produkt, das handelsübliche weiße Haushaltsmehl, das auch als Auszugsmehl bezeichnet wird. Dieses Mehl verfügt über ausgezeichnete Backeigenschaften, ist jedoch ernährungsphysiologisch gesehen nahezu wertlos. Denn gleichzeitig mit dem Entfernen der Randschichten und des Keims hat man auch den größten Teil der wertvollen Vitamine, Mineralstoffe, Eiweiße und Fette sowie die wichtigen Ballaststoffe entfernt (das wußte man übrigens im letzten Jahrhundert noch nicht, weil man diese Stoffe noch gar nicht kannte).

Dieser »Abfall« wandert als hochwertiges Viehfutter in die Tröge der Zuchttiere, oder aber er wird fein säuberlich abgepackt und teuer verkauft – als getrocknete Weizenkeime oder Kleie, die dann die wertlos gewordenen, verarbeiteten Nahrungsmittel wieder aufwertet.

Die Mehle, die man im Geschäft kauft, unterscheidet man nach ihrem Ausmahlungsgrad und den so-

Vitamin- und Mineralstoffgehalt von Weizen und Weizenmehl
(nach von Koerber, Männle, Leitzmann: Vollwert-Ernährung, Heidelberg 1981)

	Vollkornmehl (mg/100 g)	Weißmehl Type 405 (mg/100 g)	Verlust (in %)
Vitamine			
Vitamin B_1	0,48	0,06	88
Vitamin B_2	0,14	0,03	79
Vitamin B_6	0,44	0,18	59
Niacin	5,1	0,7	86
Vitamin E	3,2	2,3	28
Mineralstoffe			
Eisen	3,3	1,95	41
Kalium	502	108	78
Kalzium	43,7	15	66

genannten Mehltypen. Der Ausmahlungsgrad bezeichnet die Mehlmenge, die beim Mahlen des gereinigten Getreides anfällt (gemessen in Prozent). Vollkornmehl hat dabei einen Ausmahlungsgrad von 100%. Hat ein Mehl einen Ausmahlungsgrad von nur 50%, so fällt nur die Hälfte des gemahlenen Getreides als Mehl an, der Rest wurde wahrscheinlich vor dem Mahlprozeß entfernt und anderweitig verwendet.

Die Mehltypen dagegen, die stets auf der Verpackung angegeben werden müssen, geben den mittleren Aschegehalt (Mineralstoffgehalt), gemessen in mg pro 100 g Mehltrockensubstanz, an. Weizenmehl Type 405 enthält danach durchschnittlich 405 mg Mineralstoffe pro 100 g Mehltrockensubstanz, Mehl Type 1700 entsprechend 1700 mg. Die Mehltypen stehen damit auch in Beziehung zum Ausmahlungsgrad. Je höher die Typenzahl ist, desto höher ist auch der Anteil der Randschichten (der Ausmahlungsgrad steigt). Das Mehl wird nicht nur dunkler, sondern es enthält auch wesentlich mehr Mineralstoffe.

Neben den verschiedenen Mehlen findet man im Handel auch **Flocken** von allen Getreidearten, von denen wohl die Haferflocken die bekanntesten sein dürften. Um sie herzustellen, werden die Getreidekörner zunächst gedämpft und anschließend zwischen beheizten Walzen zerdrückt. Nur so sind sie relativ lange haltbar.

Aber auch bei Getreideflocken lohnt es sich auf die Unterschiede zu achten. Vollkornflocken werden aus ungeschälten Getreidekörnern hergestellt, der Keim und die Randschichten bleiben also erhalten.

Großblattflocken werden aus ganzen Körnern hergestellt, die aber unter Umständen geschält sein können. Kleinblattflocken werden immer aus zerschnittenen, gegrützten Körnern gewonnen.

Wie bei der Herstellung von Mehl und Schrot die Getreidemühle ein unentbehrlicher Helfer ist, so kann man mit einer sogenannten Flokkenquetsche (siehe Bezugsquellen) auch im Haushalt seine eigenen frischen, nicht wärmebehandelten Vollkorngetreideflocken herstellen.

Im Handel gibt es noch viele andere Getreideprodukte, die in der Vollwertküche kaum Verwendung finden, weil sie in der Regel nicht aus dem ganzen Getreidekorn hergestellt und vielfältigen Verarbeitungsprozessen unterworfen sind. Der Vollständigkeit halber hier eine kurze Beschreibung:

Bei der Herstellung von **Getreidegrützen** werden die meist geschälten Körner auf speziellen Schneidern mehrmals zerschnitten.

Graupen (meist in Form von Gerstengraupen) haben entweder eine längliche oder kugelige Form. Für ihre Herstellung werden die geschälten Körner, je nach der später gewünschten Größe, mehrmals zerschnitten, wiederholt geschliffen und anschließend poliert.

Gries wird hauptsächlich aus Weizen hergestellt. Das Weizenkorn wird dafür zunächst geschält, der Keim entfernt und der Mehlkörper dann zwischen besonderen Walzen mehr gebrochen als gemahlen. Je nach Größe unterscheidet man zwischen feinem, mittlerem oder grobem Grieß. Beim Grieß mit Schalenanteilen werden nachträglich die abgetrennten Randschichten in geringen Mengen wieder zugesetzt.

Malzkaffee entsteht aus gerösteten, gemahlenen Gerstenkörnern.

Weizenkeime und **Weizenkleie** fallen in großen Mengen als Abfall bei der Herstellung von Auszugsmehl an, sie werden Speisen zugegeben.

Keimöle (meist Weizenkeim- oder Maiskeimöl) werden durch Pressen des Getreidekeims gewonnen (2 t Weizen für 100 ml Keimöl).

Getreidestärke ist ein isoliertes Produkt, das aus dem Mehlkörper hergestellt und hauptsächlich als Bindemittel verwendet wird. Maisstärke spielt bei der Herstellung von Traubenzucker, Fruchtzucker und Sorbit eine Rolle.

Aber nicht nur durch industrielle Verarbeitungsprozesse gehen dem Getreide wichtige Inhaltsstoffe verloren, auch beim Kochen und Backen im Haushalt werden Inhaltsstoffe wie Vitamine und Enzyme ganz oder teilweise zerstört. Selbstverständlich sind diese Verluste abhängig vom Grad und der Dauer der Hitzeeinwirkung, von der Stabilität der Inhaltsstoffe sowie von der Zubereitungsart. Sie liegen z.B. bei Vollkornbrot für manche Nährstoffe bei 10%, bei Brötchen zwischen 20 und 30% und bei Zwieback bei 50%.

Aus diesem Grunde empfiehlt es sich, zusätzlich zu Vollkorngebäck und erhitzten Getreidespeisen täglich etwas unerhitztes Getreide zu sich zu nehmen – zum Beispiel als Frischkornmüsli oder als Getreidesprossen.

Die eigene Getreidemühle

Wenn Sie Ihre Ernährung auf Vollwertkost umstellen möchten, erkennen Sie sehr schnell, daß dabei das Getreide eine zentrale Rolle spielt. Für Brot und Gebäck aus verschiedenen Vollkornmehlen, Teigwaren, gekochte Getreidespeisen, Getreideaufläufe, Puddinge, Bratlinge, Müslis – selbst zum Binden von Suppen und Soßen benötigen Sie Vollkornmehl. Dies sollte am besten immer unmittelbar vor der Zubereitung gemahlen werden, weil es sehr schnell einen großen Teil seiner Vitalstoffe verliert. Eine Getreidemühle ist daher im Haushalt ein unentbehrlicher, bald nicht mehr wegzudenkender Helfer.
Sicher, für den Anfang oder zum Ausprobieren einiger Gerichte, können Sie auch den Dienst von Reformhäusern und Naturkostläden in Anspruch nehmen und dort das gekaufte Getreide mahlen lassen. Aus Erfahrung weiß ich jedoch, daß man bald die lästige Lauferei in den Laden nicht mehr mag und sich überlegt, eine eigene Getreidemühle zu kaufen. Mit ihr können Sie dann zu jeder Zeit die gewünschte Menge fein mahlen oder grob schroten. Damit sparen Sie sich viel Zeit für den Einkauf, denn die verschiedenen Getreidesorten können Sie ohne Schwierigkeiten auch in größeren Mengen zu Hause lagern. Sie brauchen keine fertig gemahlenen Mehle mehr aus den Regalen des Supermarktes zu kaufen, weil Sie ja alles selber zubereiten können. Das spart Geld, und Sie wissen darüber hinaus auch noch ganz genau, was in Ihren Produkten ist.
Doch bevor Sie irgendeine Mühle kaufen, sollten Sie sich über die verschiedenen Typen genau informieren und die Mühle auf Ihre Bedürfnisse abstimmen. Die folgenden Ausführungen sollen Ihnen eine Hilfestellung für die Auswahl und den Kauf »Ihrer« Getreidemühle geben.

Der Antrieb der Getreidemühle

Zunächst einmal kann man die einzelnen Mühlen ganz grob nach der Art ihres Antriebs unterscheiden. Es gibt Handmühlen und elektrische Mühlen.

Handmühlen

Vielen Menschen imponiert zunächst einmal die Handmühle, denn im Vergleich zu elektrischen Mühlen ist sie äußerst preiswert. Mit ihr ist man absolut unabhängig, benötigt man doch keinerlei Fremdenergie, sprich Strom, sondern nur seine eigene Körperkraft. Außerdem sind alle im Handel befindlichen Mahlsysteme (siehe Seiten 31–33) auch als Handmühle aus den unterschiedli-

chen Materialien erhältlich. Die Erfahrung hat jedoch gezeigt, daß die meisten Handmühlen zwar ideal sind, um grobes Schrot für das Frischkornmüsli zu mahlen, möchte man dagegen aber feines Mehl, z.B. für einen Kuchen, oder backt man selber regelmäßig Brot, womöglich für eine ganze Familie, so ist die Kraftanstrengung und die Mahldauer so hoch, daß oft sehr bald gar nicht mehr selber gemahlen wird oder, in einem zweiten Schritt, zusätzlich doch noch eine elektrische Mühle gekauft wird.
Insofern eignet sich eine Handmühle eigentlich nur für die Erprobungsphase, für Ein-Personen-Haushalte oder als Zweitmühle z.B. für den Urlaub. Einige Mühlenhersteller bieten auch Handmühlen an, die auf elektrische Mühlen umgerüstet werden können.

Elektrische Mühlen

Mahlvorsätze für eine Küchenmaschine
Viele Haushalte besitzen bereits eine Küchenmaschine und begrüßen es daher, daß es inzwischen für fast alle Maschinen einen Mahlvorsatz aus unterschiedlichsten Materialien als Zubehörteil zu kaufen gibt. Für andere ist der Wunsch nach einer Mühle ein Anlaß, sich auch eine Küchenmaschine zu leisten. Bei solchen Kombinationsgeräten kann man natürlich eine Menge Geld sparen, da man lediglich das Mahlwerk zusätzlich kaufen muß.
Besonders in den Anfängen hat es aber bei solchen Käufen einige Enttäuschungen gegeben. Hauptsächlich deshalb, weil der Motor einiger Küchenmaschinen für das Mahlwerk nicht leistungsstark genug war. Er konnte durch die Dauerbelastung beim Mahlen sehr leicht kaputtgehen.
Aber auch das Mahlwerk konnte beschädigt werden, wenn z.B. ein leistungsstarker Motor nicht automatisch bei Blockierung der Mühle abschaltete, sondern das Mahlwerk immer weiter antrieb.
Diese Fehlerquellen sind heute zum größten Teil ausgeschaltet, weil man für die oben erwähnten Fälle Sicherheitsvorrichtungen einbaute, so daß sich bei eventuellen kleinen Defekten die Schäden in Grenzen halten und leicht wieder behoben werden können.
Der Kauf solcher Kombinationsgeräte ist immer dann zu empfehlen, wenn man nicht sehr häufig große Mengen von Getreide mahlen will. Denn solche Geräte sind nicht nur vergleichsweise preiswert, sondern auch sehr vielseitig und platzsparend.

Mahlvorsätze für einen Motorblock
Wer keine Küchenmaschine besitzt und trotzdem nach einer preiswerten Möglichkeit sucht, sein Getreide im Haushalt selber zu mahlen, entscheidet sich vielleicht für einen Mahlvorsatz auf einem Motorblock. Eine solche »Mühle« besticht durch ihren geringen Platzbedarf, durch ihr niedriges Gewicht, die praktische Handhabung und den relativ geringen Preis. Als Mahlvorsätze werden meist Stahlkegel- und Ke-

ramikkegelmahlwerke angeboten. Für Steinmahlwerke sind die Motoren oft nicht leistungsstark genug. Zusätzlich zu diesen Mahlvorsätzen bieten die meisten Produzenten auch noch verschiedene Frischkostraffeln als Zubehörteile an. Bei den Motorblöcken gibt es allerdings enorme Leistungsunterschiede, nach denen man sich unbedingt vor dem Kauf erkundigen sollte. So kann es z. B. sein, daß man für das Mahlen einer bestimmten Getreidemenge die doppelte bis dreifache Zeit benötigt wie bei einem Kompaktgerät.

Kompaktgeräte
Das Kompaktgerät ist die »eigentliche« Getreidemühle, denn es wurde ausschließlich für das Mahlen von Getreide entwickelt. Das bedeutet, daß speziell für das jeweilige Mahlwerk ein passender Motor, meist ein sogenannter Industriemotor, ausgesucht wurde, so daß selbst bei einer Dauerbelastung der Mühle keine Schäden auftreten können. Kompaktgeräte haben häufig ein Steinmahlwerk. Mit ihnen kann man je nach Leistungsstärke des Motors in relativ kurzer Zeit große Mengen von Getreide auch sehr fein mahlen. Ihr einziger Nachteil: sie sind teurer als die anderen Geräte.

Das Mahlwerk der Getreidemühle

Neben der Frage nach dem Antrieb ist auch die Frage nach dem Mahlwerk von Bedeutung. Hierbei unterscheidet man zwischen Mahlwerken aus Stahl, Keramik oder Stein.

Stahlmahlwerk

Stahlmahlwerke gibt es als Schlagmesser, Stahlscheibe oder Stahlkegelmahlwerk. Mühlen mit einem Schlagmesser sind eigentlich nicht für das Mahlen von Getreide, sondern von Kaffee konstruiert. Die spröden, sehr trockenen Kaffeebohnen können damit in relativ kurzer Zeit pulverfein gemahlen werden. Getreide hat jedoch eine andere Beschaffenheit. Aus diesem Grunde kann man es mit dem Schlagmesser auch nur grobkörnig zerschlagen und dieses Schrot für die Müslizubereitung oder höchstens noch für das Kochen von groben Getreidegrützen verwenden.
Der Motor solcher Mühlen ist für den Kurzzeitbetrieb ausgerichtet. Während des Zerschlagens bleibt das Schrot in der Mühle, so daß es sich sehr stark erwärmt. Aus diesen Gründen bietet sich solch ein Gerät höchstens als Notbehelf an.
Ähnliches gilt auch für die Geräte mit Stahlscheiben, die hauptsächlich für sprödes oder fettiges Mahlgut entwickelt wurden, d. h., daß sie in erster Linie weiterentwickelte Kaffee- oder Gewürzmühlen sind.

Das Stahlkegelmahlwerk (oder Stahlbechermahlwerk) ist das gebräuchlichste Mahlwerk. Es besteht aus zwei miteinander verbundenen Kegeln, von denen der eine feststehend, der andere dagegen beweglich ist. Je nachdem, ob die beiden Kegel näher zusammen oder weiter auseinander stehen, erhält man gröberes oder feineres Mehl. Stahlkegelmahlwerke haben den Vorteil, daß sie schon mit schwächeren Motoren betrieben werden können. Sie verarbeiten außerdem sowohl zähes, sprödes als auch fettiges Mahlgut ohne Schwierigkeiten, weil sie es praktisch reibend zerschneiden. So mahlen Stahlkegelmahlwerke alle Getreidesorten, auch Hafer, (gelegentliche Ausnahme ist Mais) sowie alle Ölsaaten, wie z.B. Leinsamen oder Mohn.

Keramikmahlwerk

Die Keramikmahlwerke gibt es erst seit einigen Jahren auf dem Markt. Sie werden auch als Kegelmahlwerk angeboten und entsprechen daher in Aufbau und Funktion den Stahlkegelmahlwerken. Ihr Material besteht aus Tonerde, die bei fast 2000°C gebrannt wird und dadurch härter als Edelstahl ist.

Aus diesem Grunde haben Keramikmahlwerke dann auch fast keinen Abrieb. Sie können neben Getreide auch alle Ölsaaten und Gewürze mahlen. Der Nachteil der Keramikmahlwerke ist finanzieller Art: Sie sind um einiges teurer als ein Stahlkegelmahlwerk.

Steinmahlwerk

Bei Steinmahlwerken gibt es Kegelmahlwerke, die analog zu den Stahl- und Keramikmahlwerken aus einem festen und einem beweglichen Steinkegel bestehen. Diese Steinkegelmahlwerke werden vorwiegend als Mahlvorsatz für Motorblöcke und Küchenmaschinen angeboten.

Die Kompaktgeräte haben dagegen als Mahlwerk, ähnlich den großen Mühlen, ein sogenanntes Scheibenmahlwerk. Dieses besteht aus einem feststehenden und einem mit dem Antrieb verbundenen beweglichen Stein. Beide Steine sind meist horizontal angeordnet.

Zwischen diesen beiden Steinen wird das Mahlgut dann praktisch quetschend zerrieben. Bei diesem Mahlvorgang bleibt das Getreide länger zwischen den Mahlsteinen als bei Stahlkegelmahlwerken. Das bedeutet, daß, je nach Motorstärke, der Mahlvorgang auch eine längere Zeit in Anspruch nimmt, das Mehl aber von feiner, weicher, flockiger Beschaffenheit ist.

Farbtafel 1:
oben: Frischkornmüsli
(Rezept Seite 62)
unten: Pikantes Weizenschrot
(Rezept Seite 61)

hawo's
Kornmühlen

Der »Nachteil« eines solchen Mahlwerks liegt darin, daß durch das lange, dauernde reibend-quetschende Mahlen fetthaltige Samen wie Ölfrüchte (bei manchen Mühlen auch schon Hafer) nicht oder zumindestens nicht allein gemahlen werden können, weil sie sonst die Mahlsteine verkleben. Ähnliche Probleme kann es auch mit zu feuchtem Getreide (s. S. 39) geben, das unter Umständen die Mahlsteine verschmiert und dadurch das gesamte Mahlwerk blockiert.
Wer deshalb das Gefühl hat, daß die Mahlsteine seiner Mühle leicht »verschmiert« sein könnten, sollte möglichst bald sehr hartes Getreide, wie z. B. Reis, mahlen, um auf diese Weise die Steine zu reinigen.
Einige Mahlwerke bestehen aus gewachsenen Natursteinen. Diese sind sehr hart, aber auch sehr teuer, weil sie nur sehr schwer bearbeitet werden können. Ihr Nachteil ist, daß sie sich im Laufe der Zeit glattschleifen, so daß die Mahlleistung und die Mahlqualität abnehmen und die Steine dann nachgeschliffen werden müssen.

Farbtafel 2:
oben: Grünkern-Pilz-Suppe
(Rezept Seite 68)
unten: Reiscremesuppe
(Rezept Seite 69)

Beim weitaus größten Teil der Kompaktgeräte bestehen die Mahlsteine allerdings aus gegossenen Scheiben. Hierfür werden die Steine, z. B. Basalt oder Korund, zunächst granuliert und dann unter Zugabe eines Bindemittels mineralischen Ursprungs in eine Form gegossen, in der sie in wenigen Tagen vollständig aushärten. Solche Steine müssen nie nachgeschliffen werden, weil sie sich durch die Kombination von hartem Natursteingranulat und weichem Bindemittel stets selber nachschleifen.

Die individuelle Mühle für jeden Typ

Eine Getreidemühle öffnet Ihnen das Tor zur Vollwertkost. Doch welche ist gerade für Sie die richtige?
Sie können zur Zeit unter mehr als 40 Mühlen wählen. Eines möchte ich gleich vorausschicken: Die optimale Mühle, die sehr wenig kostet, alles mit einem hohen Leistungsvermögen staubfrei, leise und sehr fein mahlt und die dazu auch noch schön aussieht, gibt es nicht. Jede Mühle hat Vor- und Nachteile, und es liegt an Ihnen, diese für sich persönlich abzuschätzen.
Wie gehen Sie nun bei der Wahl am besten vor?

1. Schritt:
Zunächst müssen Sie sich einmal darüber klarwerden, ob die Vollwerternährung bereits Ihre normale Alltagskost ist oder es mit Hilfe

Wahl der Getreidemühle nach Haushaltsgröße und Ernährungsweise
(modifiziert nach Monika Hesse, UGB-Forum 5/87)

Haushaltsgröße	Vollwerternährung wird nur gelegentlich praktiziert	Vollwerternährung ist Alltagskost (inkl. Brotbacken)
1 Person	Handmühle ab 68 DM	Mahlvorsatz auf einem Motorblock ab 250 DM oder kleine Küchenmaschine mit Mahlvorsatz ab 300 DM
2 Personen	größere Handmühle ab 165 DM, eventuell umrüstbar für einen Motorblock	wie oben
4-Personen-Haushalt (2 Erwachsene, 2 Kinder)	Mahlvorsatz auf einem Motorblock mit verschiedenen Frischkostraffeln ab 300 DM	größere Küchenmaschine mit Mahlvorsatz und anderem Zubehör ab 450 DM oder kleineres Kompaktgerät ab 580 DM
5 Personen und mehr oder gehobene Ansprüche	Mahlvorsatz auf einem großen Motorblock ab 560 DM oder Mahlvorsatz für eine größere Küchenmaschine ab 450 DM	leistungsstarkes Kompaktgerät ab 700 DM

der Getreidemühle bestimmt wird. Oder kommt für Sie die Vollwerternährung nur zeitweilig in Betracht? In diesem Fall ist die Frage nach einer vollständigen Ernährungsumstellung für Sie noch offen.

2. Schritt:
Ganz wichtig ist natürlich auch die Frage, wieviel Ihnen die »Gesundheit« wert ist, sprich, wieviel Ihre Getreidemühle kosten darf. Bedenken Sie bei der Beantwortung dieser Frage aber auch, wie schnell man oft für unnötige Dinge Geld ausgibt. Eine Getreidemühle ist dann vergleichsweise immer billig, denn sie ist normalerweise bei richtiger Bedienung ein sehr langlebiges Haushaltsgerät.

3. Schritt:
Ganz entscheidend für die Wahl Ihrer Mühle ist natürlich auch Ihre Lebenssituation. Leben Sie allein oder zu zweit oder versorgen Sie eine mehrköpfige Familie?

4. Schritt:
Bei der Entscheidung für oder gegen einen bestimmten Mühlentyp stellt sich für Sie auch noch einmal die Frage nach dem Mahlwerk (siehe auch S. 31 f.).
Wie schon erwähnt, liefern Stahlmahlwerke auch bei feinster Einstellung eher körniges, härteres Mehl, das man besser als Schrot bezeichnen könnte. Bei Steinmahlwerken ist das Mehl flockiger und weicher. Testen Sie es einfach einmal selbst mit Ihren Fingerspitzen, lassen Sie sich dazu am besten vor Ihren Augen dasselbe Getreide in verschiedenen Mahlwerken mahlen.
Wer feine Breie, Pfannkuchen, Waffeln, Nudeln und feine Backwaren herstellen möchte, benötigt dazu ein Mehl mit einem hohen Feinmehlanteil und einer weichen Struktur, das überaus gute Backeigenschaften aufweist. Dieses Mehl liefern nur Steinmahlwerke. Wer aber hauptsächlich Getreidegrützen oder Müsli zubereitet und gröbere Brote backt, kann ein Schrot mit einem geringeren Feinmehlanteil verwenden, das Stahlmahlwerke liefern. Dabei muß man der Vollständigkeit wegen noch erwähnen, daß man natürlich auch mit Steinmahlwerken Schrot herstellen kann.
Alle auf dem Markt befindlichen Mühlen wurden inzwischen auf den Feinmehlanteil ihres Mahlgutes getestet. Grob gesprochen kann man sagen, daß dieser bei Stahlmahlwerken zwischen 40 und 60%, bei Steinmahlwerken zwischen 60 und fast 90% liegt.

5. Schritt:
Wichtig für die Entscheidung ist außerdem noch die Frage nach der Mahlleistung. Diese ist logischerweise umso geringer, je feiner das Getreide gemahlen werden soll. Deshalb wird bei allen Mühlentypen auch die Mahlleistung angegeben, die die entsprechende Mühle bei feinster Einstellung erzielt (in Gramm pro Minute). Bei gröberer Einstellung nimmt sie bei allen Geräten um das zwei- bis dreifache zu. Allerdings können Sie diese Werte nicht immer miteinander verglei-

chen, da die verschiedenen Mühlen bei feinster Einstellung bei weitem nicht gleich feines Mehl liefern. Trotzdem halte ich es für wichtig zu wissen, ob die Mühle z.B. ein Kilogramm Getreide für ein Brot in zehn oder in dreißig Minuten mahlt.

6. Schritt:
Nach Klärung all dieser Fragen können Sie dann ganz konkret darangehen, sich gezielt eine oder mehrere Mühlen vorführen zu lassen. Schauen Sie sich die Mühle Ihrer Wahl genau an: Wie groß ist sie? Gefällt sie Ihnen auch vom äußeren Erscheinungsbild her? Ist sie sehr laut? Arbeitet sie relativ staubfrei?
Nicht ganz so wichtig, wie es manchmal diskutiert wird, scheint mir dabei die Frage zu sein, ob sich das Getreide durch den Mahlvorgang auf über 40°C erwärmt. Dies ist insofern ein kritischer Wert, weil alle Enzyme, die sich im Getreide befinden und die der Mensch zur Steuerung seiner Stoffwechselprozesse dringend benötigt, nur bis 40°C stabil sind. Verwendet man das gemahlene Getreide aber zum Kochen oder Backen, so wird es dabei sowieso über 40°C erhitzt.
Möchte man Getreide unerhitzt im Frischkornmüsli essen, mahlt man eine verhältnismäßig kleine Menge bei grober Einstellung. Auf diese Weise überschreitet dann die Temperatur des Mahlgutes wohl kaum die kritischen 40°C.

7. Schritt:
Wer sich nun noch für genaue Testergebnisse der meisten auf dem Markt befindlichen Mühlen interessiert, sollte sich unbedingt »Das Handbuch der Getreidemühlen« kaufen, das im Verlag Natürlich und Gesund, Stuttgart, erschienen ist.
Nun steht Ihrem geplanten Mühlenkauf nichts mehr im Wege.

Getreideeinkauf und Lagerung

Wer bis jetzt in seinem Haushalt nur weißes Auszugsmehl verwendet hat, war gewohnt, dieses jederzeit, ganz wie er es brauchte, im Supermarkt einzukaufen und zu Hause in kleinen Mengen ohne große Schwierigkeiten aufzubewahren. Mit Erstaunen stellt man nun fest, daß Vollkornmehl dagegen nicht haltbar ist und daher am besten erst kurz vor seiner Verarbeitung aus ganzen Getreidekörnern gemahlen werden sollte.
Das Getreide kann man jedoch nicht überall und im Vergleich zum Auszugsmehl auch nur wesentlich teurer einkaufen. Außerdem merkt man auch sehr schnell, daß Getreide nicht gleich Getreide ist, sondern daß es sehr große Qualitätsunterschiede gibt.
Welche Dinge muß man daher beim Getreideeinkauf und bei seiner späteren Lagerung beachten?

Die Keimfähigkeit

Jedes Getreide sollte bei seinem Kauf keimfähig sein. Dieses Kriterium ist sicherlich für manchen auf den ersten Blick nicht einsichtig. Schließlich verwenden ja auch die meisten Leute Getreide zum Kochen und Backen; nur vergleichsweise wenig Getreide wird gekeimt und als Sprossen in Salaten und Müslis verzehrt.
Trotzdem ist die Keimfähigkeit ein sicheres Zeichen für die Vollwertigkeit eines Getreidekorns, denn nur wenn ein Getreidekorn auch voll keimfähig ist, sind alle Nähr- und Vitalstoffe in optimalem Verhältnis vorhanden.
So sind z. B. von vornherein nicht alle Getreidekörner keimfähig, die man beim Dreschen gewinnt. Ein Teil hat sich beim Reifeprozeß nicht genügend entwickelt, andere Körner können durch das Dreschen oder durch den Reinigungsprozeß verletzt werden. Solch eine mechanische Schädigung führt aber dazu, daß Sauerstoff in das Korn eindringen und es dadurch zu einem Vitalstoffverlust kommen kann. Die Größe dieses Verlustes hängt dann endgültig von der Lagerungsdauer des Getreides ab, von der dabei herrschenden Temperatur und von der Feuchtigkeit.
Durch ein spezielles Ausleseverfahren gelingt es, nichtkeimfähige von keimfähigen Körnern zu trennen, so daß im Handel Getreide angeboten wird, bei dem 90% der Keimfähigkeit garantiert sind.

Die Reinigung

Bei der Ernte läßt es sich nicht vermeiden, daß sich fremde Bestandteile unter die Getreidekörner mischen. Es handelt sich dabei um

Sand, Metallteilchen, Steinchen, Unkrautsamen, Strohreste, Insektenteile, Mutterkorn usw. Über mehrere Reinigungsstufen wird dieses »Rohgetreide« für den menschlichen Verzehr geeignet gemacht. Es gibt allerdings keine genaue Bestimmung, wie viele und welche Reinigungsstufen Getreide durchlaufen muß. So liegt es am Verbraucher zu kontrollieren, ob und wie es gereinigt wurde. Dies gilt insbesondere dann, wenn man Getreide in größeren Mengen direkt beim Bauern kauft. Denn nicht nur vom Ernährungsstandpunkt aus betrachtet, ist möglichst sauberes Getreide wünschenswert, es ist auch ein Schutz für die eigene Mühle, denn Steine und Metallteile bilden eine große Gefahr für das Mahlwerk.

Mutterkorn

Eine besondere Rolle bei der Frage der Getreidereinigung spielt das Mutterkorn. Es handelt sich dabei um einen Pilz, ein schwarzbraunes, leicht gebogenes »Korn« von bis zu 2,5 cm Länge, das unter den Getreidekörnern sofort auffällt. Es entsteht in der Ähre anstelle des Getreidekorns, wenn dieses während der Blüte durch den Mutterkornpilz infiziert wurde. Dieser befällt Roggen und Weizen.
In den Medien wird immer mal wieder vor dem Verzehr von Mutterkorn gewarnt, wobei man allerdings diese als ausgesprochen übertrieben einstufen muß.
Mutterkorn enthält hochgiftige Alkaloide, die zu akuten Vergiftungserscheinungen führen (Krämpfe, Kribbeln der Haut, Kopfschmerzen, Schwindel, Ohrensausen, Erbrechen, Durchfälle usw.).
Allerdings wird Mutterkorn auch zur Gewinnung von Arzneimitteln gezüchtet, die bei erhöhtem Blutdruck, bei Durchblutungsstörungen und Migräne verabreicht werden. Insofern sind die Wirkungen des Mutterkorns heute ausgiebig erforscht. Aus diesem Grunde darf auch per Lebensmittelrecht nicht mehr als 0,1% Mutterkorn in Getreide enthalten sein.
Heutzutage stellt Mutterkorn kein allzu großes Problem mehr dar, da in der modernen Getreidereinigung die Mutterkörner entfernt werden können. So findet man Mutterkorn meist in Getreide, das direkt ab Hof verkauft wird und diese Reinigungsstufe nicht durchlaufen hat. Man sollte das Getreide also vor dem Kauf stets genau prüfen und vor dem Mahlen sehr sorgfältig auslesen.

Der Schadstoffgehalt

Auch die Umweltverschmutzung und die Anwendung von chemischen Dünge- und Pflanzenschutzmitteln machen vor dem Getreide nicht halt. Untersuchungen haben ergeben, daß sich ein Teil der Schadstoffe, insbesondere manche Schwermetalle, vorzugsweise in den äußeren Randschichten des Ge-

treidekorns konzentrieren. Bei allen anderen Schutzmitteln sind die Rückstände in den Randschichten nur geringfügig höher als im Mehlkörper, denn alles, was über die Wurzeln aufgenommen wird, dazu gehört z. B. auch Cadmium, ist nahezu gleichmäßig im Getreidekorn verteilt.
Für manch einen mag sich vielleicht nun die Frage stellen, ob er aus diesem Grunde lieber auf Vollkornprodukte verzichten sollte? Dazu läßt sich nur sagen, daß Mehl aus ganzen Getreidekörnern wegen seines Gehalts an Ballaststoffen, Vitaminen und Mineralstoffen aus ernährungswissenschaftlicher Sicht jedem anderen Mehl eindeutig überlegen ist und somit die gesundheitlichen Vorteile überwiegen.
Hinzu kommt, daß gerade die Ballaststoffe aus den Randschichten die Fähigkeit haben, Schwermetalle zu binden. Sie können dadurch teilweise aus dem Körper ausgeschieden werden.

Getreide aus kontrolliert-biologischem Anbau

Selbstverständlich können Sie auch bei kontrolliert-biologischem Anbau bei dem hohen Grad der Luft- und Wasserverschmutzung kein völlig schadstofffreies Getreide erwarten. Sie können aber sicher sein, daß bei den kontrolliert-biologischen Anbaumethoden die Böden nicht mit Kunstdünger bearbeitet und die Halme nicht mit chemischen Pflanzenschutzmitteln oder Halmverkürzern behandelt werden. Auch das Saatgetreide wird nicht, der besseren Haltbarkeit wegen, mit quecksilberhaltigen Substanzen gebeizt und das eingebrachte Korn nicht mit Blausäure besprüht, um es vor Schädlingen zu schützen.
Hier verzichtet man bewußt auf Höchsterträge. Man versucht mit einer ganzheitlichen Betrachtungsweise zu denken. So widmet man sich dem Aufbau und der Pflege des Bodens, versucht, durch bestimmte Fruchtfolgen und Mischkultur das natürliche Gleichgewicht der Natur zu erhalten, und ist bemüht, Ihnen ein vollwertiges, möglichst schadstoffarmes, »natürliches« Lebensmittel zu verkaufen.
Es gibt in der BRD zur Zeit fünf Anbauorganisationen, deren Mitglieder mit ihrem geschützten Markenzeichen Lebensmittel aus kontrolliert-biologischem Anbau verkaufen dürfen.

1. Demeter	(biologisch-dynamische Wirtschaftsweise)
2. Bioland	(biologisch-organische Wirtschaftsweise)
3. ANOG	(Arbeitsgemeinschaft für naturnahen Obst-, Gemüse- und Feldfruchtanbau e.V.)
4. Biokreis e.V. Ostbayern	(regionale Anbauorganisation)
5. Naturland	(Verband für naturgemäßen Landbau e.V.)

Die Adressen dieser Anbauorganisationen finden Sie im Anhang des Buches. Dort können Sie sich über genaue Richtlinien informieren.
Produkte dieser Anbauorganisationen, insbesondere Demeter- und Bioland-Produkte, erhalten Sie in Reformhäusern, in Naturkostläden oder direkt bei den einzelnen Bauern auf Märkten oder auf Höfen.
Durch den Kauf dieser, wenngleich auch etwas teureren Produkte erhalten Sie nicht nur ein qualitativ hochwertiges Lebensmittel, sondern Sie unterstützen auch die Menschen, die sich Tag für Tag bemühen, unsere Umwelt zu pflegen, zu erhalten und zu schützen.

Die Lagerung

Wer nicht viel Platz oder keinen geeigneten Raum zur Lagerung von Getreide besitzt, wird dieses wahrscheinlich in kleinen Mengen in Naturkostläden oder in Reformhäusern kaufen. Für diejenigen, die sehr viel mit Vollgetreide backen und kochen, lohnt es sich jedoch, Getreide in größeren Mengen zu kaufen und es zu Hause zu lagern. Das wird billiger, man braucht nur einmal einzukaufen, und das Getreide steht jederzeit zur Verfügung.
Allerdings gibt es einige Dinge, die bei der Lagerung beachtet werden sollten. So darf das Getreide nicht in feuchten Räumen aufbewahrt werden, sonst kann es nämlich anfangen zu schimmeln, zudem können die Mahlsteine in der Getreidemühle durch feuchtes Getreide verkleben. Auch frisch geerntetes Getreide ist nicht ohne weiteres zum Mahlen geeignet. Wenn es nicht in speziellen Anlagen nachgetrocknet wurde, sollte es bei Ihnen noch mindestens drei Wochen bei 18 bis 20°C nachtrocknen, bevor es endgültig gelagert und verwendet werden kann. Sein Feuchtigkeitsgehalt beträgt dann im Idealfall 14%. Alle im Handel abgepackten Getreide sind übrigens auf diesen Feuchtigkeitsgehalt eingestellt.
Das Getreide wird am besten in trockenen Räumen in Leinen- oder Jutesäcken oder Holztruhen, auf keinen Fall in luftdicht abgeschlossenen Gefäßen, gelagert, so daß ein Luftaustausch möglich ist. Kühle Räume von etwa 12 bis 15°C sind dabei zu bevorzugen.
Bei Getreide mit einem Feuchtigkeitsgehalt unter 14% spielt die Raumtemperatur allerdings eine geringe Rolle. Meist kann solch ein Getreide auch bei normaler Zimmertemperatur gelagert werden, ohne daß es ihm schadet.
Kauft man Getreide direkt in größeren Mengen bei einem Bauern, so kann man nicht auf den ersten Blick feststellen, ob das Getreide den gewünschten Feuchtigkeitsgehalt hat. Doch kann man ihn auch ohne genaue Geräte prüfen. Zerdrückt man nämlich ein Getreidekorn mit der flachen Seite eines Messers, so darf es nicht lautlos zerquetscht werden, sondern muß zerspringen. Dann ist es trocken und lagerfähig.
Gut getrocknetes Getreide und eine niedrige Lagertemperatur sind die

besten vorbeugenden Maßnahmen gegen die Ansiedlung von Schädlingen im Getreide, wie der Mehlmotte mit ihren Maden, der Mehlmilbe und dem Kornkäfer. Damit sich insbesondere der letztgenannte nicht ansiedeln kann, sollte man das Getreide immer wieder einmal schütteln, durchkneten oder mit den Händen umrühren. Der Kornkäfer fühlt sich dann nämlich gestört. Verjagen kann man ihn, wenn man das Getreide in der Sonne ausbreitet. Der Käfer springt dann weg, weil er sehr lichtscheu ist. Man kann das Getreide auch für einen Tag in die Tiefkühltruhe legen, denn bei Temperaturen unter −5°C stirbt der Käfer. Vor der Verwendung sollten die Getreidekörner allerdings sorgfältig durchgesiebt werden.

Krabbeln bereits die Maden der Mehlmotte im Getreide, so bleibt nichts anderes übrig, als das Getreide zu vernichten. Mehlmilben dagegen siedeln sich nur in feuchtem Getreide an, das zusätzlich auch noch zu warm gelagert wurde. Man erkennt sie aber nur mit der Lupe. Allerdings deutet eine Ansammlung von sehr viel Staub im Getreide auf ihre Freßtätigkeit hin, in diesem Fall sollte man das Getreide mit der Lupe genauer untersuchen. Ist der Befall noch gering, kann das Getreide im Backofen auf 70°C erhitzt werden, das tötet die Milben ab. Es muß allerdings hinterher ausgesiebt und nur noch zum Kochen und Backen, nicht aber mehr für den Frischkornbrei oder für Sprossen verwendet werden. Um es jedoch noch einmal zu betonen: Gut getrocknetes und richtig gelagertes Getreide wird in den seltensten Fällen von Schädlingen heimgesucht.

Das Getreide in der Küche

Es gibt im Grunde genommen fünf Möglichkeiten, Getreide in der Küche zuzubereiten:

1. Die ganzen Getreidekörner werden gekeimt und unerhitzt als Getreidesprossen verzehrt.
2. Das Getreide wird grob geschrotet und kommt unerhitzt als sogenanntes Frischkornmüsli oder als Gewürzschrot auf den Tisch.
3. Die ganzen Getreidekörner werden gekocht und warm oder kalt als Salat, Beilage, Hauptgericht, Auflauf oder in der Suppe gegessen.
4. Das Getreide wird ganz nach Geschmack feiner oder gröber gemahlen und anschließend gekocht. So bildet es die Grundlage für Grützen, Breie, Bratlinge und Aufläufe. Das gemahlene Getreide kann auch zum Binden von Suppen und Soßen verwendet werden. Oder es werden aus dem fein gemahlenen Getreide die verschiedenen Teigwaren hergestellt.
5. Bei der letzten Zubereitungsart wird das Getreide mehr oder weniger fein gemahlen. Das Mehl oder das Schrot wird dann anschließend zum Backen von Brot, Fladen, Brötchen oder von süßem oder salzigem Gebäck verwendet.

Das Keimen von Getreidekörnern

Getreidesprossen erhalten Sie, wenn Sie die ganzen Getreidekörner keimen lassen. Durch diesen Prozeß wird das sonst äußerst harte Korn weich und ist so in rohem Zustand eßbar.

In der Natur benötigt jeder Samen ganz unterschiedliche Reize (Wärme, Licht, Luft und Feuchtigkeit), bis er aus seinem Dornröschenschlaf erwacht, zu keimen beginnt und schließlich zu einem zarten Pflänzchen heranwächst.

Wir ahmen diesen natürlichen Vorgang nach, indem wir die Samen zunächst gründlich spülen, anschließend bei Zimmertemperatur für acht bis zwölf Stunden in lauwarmem Wasser einweichen und dann am besten in speziellen Keimgeräten (siehe Bezugsquellen) keimen lassen. Damit die Samen aber auch noch während der Keimdauer stets genug Feuchtigkeit haben, werden sie zweimal täglich, am besten morgens und abends, unter fließendem Wasser gespült. In den Keimgeräten kann dann überflüssiges Wasser wieder ablaufen, denn die Samen mögen es zwar feucht, aber nicht naß. Wenn die Samen nicht übereinanderliegen, kommt dann auch noch genug Luft an sie heran, die sie für ihre Stoffwechselprozesse dringend benötigen. Nach zwei bis drei

Tagen können die Getreidesprossen verzehrt werden, der Keim ist dann etwa so groß wie der Samen selbst.
Wie Sie bereits wissen, ist das Getreidekorn von Natur aus eine wahre Schatzkammer an Nähr- und Vitalstoffen. Durch den Keimprozeß werden nun alle im Samen befindlichen Enzyme aktiv, sie vermehren sich und setzen eine Art Kettenreaktion in Gang. Eiweiß, Kohlenhydrate und Fette werden zum Teil abgebaut und für den Keim verfügbar gemacht. Das Korn wird dadurch auch für uns leichter verdaulich, Mineralstoffe und – was besonders wichtig ist – die Vitamine vermehren sich um ein Vielfaches.
Damit alle diese wertvollen Inhaltsstoffe möglichst nicht verloren gehen, sollten Sie Getreidesprossen am besten unerhitzt verzehren. Sie können sie über süße und pikante Salate, über Gemüsegerichte oder aufs Brot streuen oder ein Müsli aus ihnen zubereiten. Für die Sprossenzucht sollten Sie allerdings nur Getreide aus kontrolliert-biologischem Anbau verwenden, das möglichst speziell für diesen Zweck vorgesehen ist (z. B. Sprießkorngetreide in Demeter-Qualität aus den Reformhäusern). Nur solch ein Getreide hat eine garantiert hohe Keimfähigkeit und enthält keinerlei unerwünschte Rückstände (wie Beizmittel oder Lagerschutzmittel).
Zum Keimen eignen sich folgende Getreidesorten: Weizen, Roggen, Nacktgerste, Nackthafer, Buchweizen (auch in geschälter Form keimfähig), Hirse, Reis.
Beachten Sie dabei: Hirse, die zum Kochen bestimmt ist, keimt schlecht oder gar nicht. Sie müssen spezielle Hirse zum Keimen verlangen. Außerdem benötigt Hirse ähnlich wie Reis höhere Temperaturen (23 bis 25°C), damit der Keimprozeß überhaupt in Gang gesetzt wird. Auch längst nicht jeder Naturreis ist übrigens voll keimfähig.

Nicht erhitztes, geschrotetes Getreide

Nicht erhitztes, grob geschrotetes Getreide wird meist als sogenannter Frischkornbrei oder als Frischkornmüsli verzehrt oder als Gewürzgetreideschrot zu Salaten gegessen.
Für Gewürzgetreideschrote benötigt man mittelgrob geschrotetes Getreide (30 g pro Person), weicht es eine halbe bis drei Stunden mit der doppelten Menge Wasser ein und läßt es quellen. Ganz nach Geschmack fügt man dann kurz vor dem Verzehr frische, fein gehackte oder getrocknete Kräuter hinzu oder mischt etwas fein geriebenes Gemüse darunter.
Für das Frühstück verwendet man etwa 50 g Getreide pro Person. Die Körner werden ebenfalls grob gemahlen, mit knapp der doppelten Menge Wasser zu einem Brei verrührt und eine halbe bis höchstens zehn Stunden eingeweicht. Vor dem Verzehr fügt man dann noch etwas Zitronensaft, einen geriebenen Apfel, etwas Obst entsprechend der jeweiligen Jahreszeit hinzu und gar-

niert das ganze mit einigen Scheiben Banane und fein gehackten Nüssen. Wer mag, verfeinert das Müsli noch mit etwas Sahne oder Milch.
Das Frischkornmüsli und das Gewürzgetreideschrot haben wie die gekeimten Getreidekörner einen sehr hohen gesundheitlichen Wert. Denn bei ihrer Zubereitung treten keinerlei Erhitzungsverluste auf. Dies gilt insbesondere für alle Enzyme, alle Vitamine und die Eiweiße. Zusätzlich konnte man auch noch nachweisen, daß die Ballaststoffe in unerhitztem Zustand ein höheres Quellvermögen und damit eine stärkere Wirksamkeit besitzen.
Aus diesem Grunde sollte man täglich zusätzlich zu den Backwaren aus Vollkornmehl und den gekochten Getreidegerichten auch eine Portion unerhitztes Getreide zu sich nehmen.

Das Kochen von ganzen Getreidekörnern

Ganze Getreidekörner werden wegen der besseren Verträglichkeit ähnlich wie Hülsenfrüchte in Wasser eingeweicht. Danach werden sie dann zusammen mit dem Einweichwasser und entsprechenden Gewürzen gekocht. Handelt es sich um ein salziges Getreidegericht, so kann man z. B. einen Gemüsebrühwürfel, Basilikum und Thymian zum Würzen verwenden, bei einem süßen Getreidegericht nimmt man dagegen Zimt, Fenchel oder gemahlene Vanille. Die Getreidekörner werden bei geschlossenem Topf auf kleiner Flamme in 20 bis 70 Minuten je nach Getreidesorte weich gekocht. So braucht Hirse mit Abstand die kürzeste Kochzeit, Roggen dagegen gart am längsten. Danach sollte das Getreide am besten noch Zeit zum Nachquellen haben. Entweder läßt man es dazu auf der ausgeschalteten Herdplatte stehen, oder man stellt den Topf in eine sogenannte Kochkiste. Auch ein Thermotopf kann verwendet werden.
Die Nachquellzeit dauert etwa 30 bis 60 Minuten. Danach sind die Getreidekörner ausreichend gequollen, weich und gut verträglich, die gesamte Flüssigkeit im Topf ist aufgesogen.
Wer die Kochkiste bereits in den Kochprozeß mit einbeziehen möchte, gart die eingeweichten Getreidekörner lediglich 10 bis 25 Minuten auf der Herdplatte und läßt sie dann in der Kochkiste mindestens eine Stunde, aber auch länger, weitergaren und nachquellen. Wichtig ist dabei jedoch, daß Sie einen Topf mit gut schließendem Deckel verwenden. Außerdem darf in den letzten fünf Minuten des Kochprozesses der Deckel nicht mehr vom Topf genommen werden, da sonst zu viel der angestauten Wärme und Feuchtigkeit verlorengeht.
Diese Zubereitungsmethode ist ungeheuer energie- und zeitsparend und eignet sich insbesondere für Berufstätige: Sie kochen das Getreide quasi nebenbei während des Frühstücks und holen es mittags sowohl gar als auch warm aus der Kochkiste. (Eine Bauanleitung für

Ungefähre Garzeiten für ganze Getreidekörner

Getreide	Einweichzeit in Stunden	Kochzeit in Minuten		Nachquellzeit in Minuten (Mindest-zeitangabe)
Buchweizen	eventuell 1	15 bis 20		–
		oder		
		10	plus	30
Dinkel	eventuell 3	45 bis 50		–
		oder		
		20	plus	60
Gerste	über Nacht	50 bis 60		–
		oder		
		20	plus	90
Grünkern	eventuell 3	40 bis 50		–
		oder		
		20	plus	60
Hafer	5	30 bis 40		–
		oder		
		15	plus	60
Hirse	–	20		–
		oder		
		5 bis 10	plus	30
Roggen	über Nacht	75	plus	60
		oder		
		50	plus	120
Weizen	über Nacht	60	plus	60
		oder		
		30 bis 40	plus	120
Reis	eventuell 2 bis 3	30 bis 45		–
		oder		
		20 bis 30	plus	60

eine Kochkiste sowie eine Bezugsquelle für eine fertige Kiste finden Sie im Anhang).
Die ganzen Getreidekörner können Sie dann entweder pur oder zusammen mit einer Soße zu einer Rohkostplatte oder zu gedünstetem Gemüse servieren. Sie können sie aber auch mit einem Milchprodukt und Eiern vermischen und im Backofen überbacken oder einfach als Suppeneinlage verwenden. Vermischt mit Obst oder rohem Gemüse und einer Salatsauce ergeben sie leckere pikante oder süße Salate.

Gekochtes Getreide Grundrezept

Für 4 Personen

250 g Getreide
500 bis 600 ml Wasser
Gewürze nach Geschmack

Die Zubereitung erfolgt wie bereits beschrieben.

Das Kochen von gemahlenen Getreidekörnern

Für die Menschen in früheren Jahrhunderten war auch in unseren Breiten der Getreidebrei bzw. die Getreidegrütze ein fester Bestandteil der täglichen Ernährung. Sie galt als nahrhaft, lange sättigend und stärkend. So wurde am Morgen meist eine Gersten- oder Hafergrütze gegessen, der englische Porridge erinnert noch an diese Tradition. Auch mittags oder abends wurde oft eine Grütze verspeist, denn Kartoffeln kannte man noch nicht, und Brot gab es äußerst selten.
Die norddeutsche rote Grütze, bei der das gemahlene Getreide in Fruchtsaft gegart und anschließend mit vielen Früchten vermischt wird, ist auch heute noch beliebt. Im slawischen Raum kennt man die Kascha, eine Buchweizengrütze, und auch die Maisgrütze ist als Polenta und die Weizengrütze als Bulgur bei uns bekannt geworden.
Mit der Verbreitung der Vollwertküche kommen auch Grützen aus anderen Getreidearten verstärkt auf den Tisch, denn sie bieten viele Vorteile: Sie sind bekömmlicher als ganze gekochte Getreidekörner und aus diesem Grunde auch eine ideale Speise für Kinder, ältere Menschen und solche, die ihre Ernährung erst auf Getreidekost umstellen. Außerdem kann man Grützen schnell und ohne großen Arbeitsaufwand zubereiten.

Getreidegrütze Grundrezept

Für 4 Personen

250 g Getreide (Weizen, Roggen, Dinkel,
Gerste, Hafer, Grünkern, Mais,
Naturreis und Buchweizen)
etwa 5/8 l Wasser
1/2 TL Salz

1. Zunächst das Getreide ganz nach Geschmack mittelgrob bis grob schroten (wenn Sie die Grütze lieber breiartig mögen, mahlen Sie das Getreide fein und verwenden mehr Wasser).

2. Nun haben Sie zwei Möglichkeiten, die Grütze zuzubereiten:
Streuen Sie das geschrotete Getreide unter Rühren mit Hilfe eines Schneebesens in das kochende Wasser, und lassen Sie die Grütze zugedeckt auf kleiner Flamme etwa 5 Minuten kochen. Danach stellen Sie den Topf in eine Kochkiste oder in einen Thermogartopf und lassen die Grütze mindestens 90 Minuten nachquellen. Wer keine Kochkiste hat, kann den Topf auch in Decken einwickeln.
Hinweis:
Berufstätige, die die Grütze beim Frühstück kochen und mittags warm aus der Kochkiste nehmen, sollten wissen, daß es sich bei dieser Zubereitungsart nicht um ein langes »Warmhalten«, sondern eher um ein langsames Ausquellen handelt.

Zubereitungszeit: 15 Minuten
Zeit zum Nachquellen: 90 Minuten

Variation
Geben Sie das geschrotete Getreide in den Siebeinsatz eines Gartopfes. Bringen Sie das Wasser mit dem Salz in einem anderen Topf zum Kochen, und gießen Sie es schnell über das Schrot. Das Schrot steht dann nur kurz im Wasser. Sobald das durchgelaufene Wasser wieder kocht, stellt man auf kleinste Flamme zurück und schließt den Topf mit dem Deckel ab.
Nach etwa 15 Minuten wird die Grütze mit einer Holzgabel aufgelockert. Diesen Vorgang wiederholt man alle 5 bis 10 Minuten. Nach 30 bis 40 Minuten ist die über Dampf gegarte Grütze fertig. Wem sie bei dieser Zubereitungsart zu fest ist, gießt nach etwa 30 Minuten noch etwas kochendes Wasser über die Grütze.

Zubereitungszeit: 50 Minuten

Ganz nach Geschmack können Sie Getreidegrützen süß mit Honig, Trockenfrüchten, frischen Früchten, Nüssen, Sahne oder Milch servieren, salzig mit Zwiebeln oder gedünstetem Gemüse vermischen.
Übriggebliebene Grütze kann man z. B. kalt in Scheiben schneiden und in einer Pfanne anbraten. Oder man würzt die Grütze pikant mit getrockneten und/oder frischen Kräutern, Käse und/oder gemahlenen Nüssen, bindet sie mit einem Ei und bereitet aus dieser Masse sogenannte Getreidebratlinge oder -frikadellen zu.
Wer lieber einen Vollkornbrei herstellt, kann folgendes Grundrezept versuchen:

Vollkornbrei Grundrezept

Für 4 Personen

100 g Getreide
1/4 l Wasser
1/4 l Wasser oder Milch
(oder 1/2 Milch und 1/2 Sahne)
1 bis 2 EL Honig für die süße Variante
1/4 TL Meersalz für die pikante Variante
1 EL Butter oder 1 TL Pflanzenöl

1. Für den Vollkornbrei mahlen Sie das Getreide fein und rühren es mit Hilfe eines Schneebesens in das kochende Wasser ein. Wer einen pikanten Brei möchte, gibt das Salz bereits jetzt ins Wasser. Anschließend wird das Ganze in 2 bis 3 Minuten zu einem steifen Brei gekocht.

2. Danach nimmt man den Topf von der Herdplatte, fügt die Milch (und den Honig) hinzu und verrührt alles. Bei geschlossenem Topf quillt der Vollkornbrei dann am besten noch 10 Minuten nach (allerdings nicht auf der ausgeschalteten Herdplatte, weil er sonst anbrennt).

Zubereitungszeit: ca. 15 Minuten
Zeit zum Nachquellen:
ca. 10 Minuten

Frisch gemahlenes Vollkornmehl zum Binden

Selbstverständlich können Sie das frisch gemahlene Vollkornmehl auch zum Binden von Suppen und Soßen verwenden und durch die verschiedenen Getreidearten dabei immer neue Geschmacksvariationen zaubern. Auf die so bekannte Mehlschwitze unserer Großmütter sollten Sie dabei aber verzichten: die Verbindung von heißem Fett und Mehl ergibt nämlich eine die Verdauungsorgane belastende Masse. Das fein gemahlene Vollkornmehl (man kann es auch in einer trockenen Pfanne leicht rösten und wieder abkühlen lassen) wird unter ständigem Rühren mit Hilfe eines Schneebesens in die kochende Flüssigkeit gerührt und anschließend etwa 5 Minuten auf kleiner Flamme gekocht. Mit verschiedenen Geschmackszutaten gewürzt oder verfeinert, haben Sie so im Handumdrehen eine vollwertige Suppe oder Soße.

Farbtafel 3:
oben: Haferbacklinge (Rezept Seite 77)
unten: Nudelauflauf (Rezept Seite 80)

Nudeln aus eigener Herstellung

Wenn Sie Vollkornnudeln essen, brauchen Sie in der Regel keine Angst zu haben, daß Sie dick werden. Denn Vollkornnudeln enthalten keine »leeren« Kohlenhydrate wie die üblichen »weißen« Nudeln, sondern alle wertvollen Bestandteile des frisch gemahlenen Korns inklusive seiner Ballaststoffe. Daher machen Vollkornnudeln schneller satt und schmecken viel aromatischer und herzhafter als gekaufte weiße Nudeln. Fertige Vollkornnudeln, die mit Getreide aus kontrolliert-biologischem Anbau mit oder ohne Eier hergestellt werden, kann man in Reformhäusern und Naturkostläden kaufen. Man kann sie aber auch selber nach folgenden Grundrezepten herstellen:

Farbtafel 4:
oben: Gerstencreme
(Rezept Seite 82)
Mitte: Kokospudding mit Orangen
(Rezept Seite 86)
unten: Rohrnudeln
(Rezept Seite 83)

Vollkornnudeln mit Eiern Grundrezept

Für 4 Personen

600 g Weizen
3 Eier
2 TL Öl, 1 TL Salz
6 bis 10 EL Milch oder Wasser

1. Den Weizen fein mahlen und anschließend 100 g Kleie aussieben. Wer eine Mühle mit einem hohen Feinmehlanteil hat, braucht keine Kleie auszusieben. Er verwendet dann nur 500 g Weizen. In anderen Fällen sollte die Kleie ausgesiebt werden, der Teig wird auf diese Weise geschmeidiger und weniger brüchig. Die Kleie, die im Sieb zurückbleibt, kann man zum Brotbakken, zum Ausstreuen von Formen oder fürs Müsli verwenden.
2. Die restlichen Zutaten zum Vollkornmehl geben und alles zu einem glatten Teig verkneten. Der Teig sollte elastisch sein und nicht mehr kleben, deshalb muß man ihn kräftig schlagen und mit dem Handballen bearbeiten.
3. Danach den Teig zu einer Kugel formen, etwa eine Stunde bei Zimmertemperatur ruhen lassen, dabei mit einem feuchten Tuch abdecken, damit er nicht austrocknen kann.
4. Anschließend den Teig so dünn wie möglich ausrollen, etwa 10 Minuten trocknen lassen und entsprechend schneiden.

Zubereitungszeit: ca. 30 Minuten
Zeit zum Ruhen: ca. 70 Minuten

Vollkornnudeln ohne Eier
Grundrezept

Für 4 Personen

400 g Hartweizen
1 TL Salz
3 EL Sonnenblumenöl
knapp 200 ml lauwarmes Wasser

Die Zubereitung erfolgt, wie beim Grundrezept »Vollkornnudeln mit Eiern« beschrieben.
Das Rezept gelingt am besten mit Hartweizen, den man nicht überall bekommt, man kann ihn aber in Naturkostläden bestellen. Für die Nudelherstellung hat Hartweizen mehrere Vorteile: Er weist eine höhere Konzentration an Gelbpigmentteilen auf, das bedeutet, daß Sie nach dem Mahlen helles, gelbes Vollkornmehl erhalten. Zusätzlich hat er auch noch einen großen Gehalt an sogenanntem Klebereiweiß (Gluten), so daß die Nudeln auch ohne Eier sehr gut gelingen.

Mein Tip

Wenn Sie oft Nudeln selber machen, lohnt sich die Anschaffung einer handbetriebenen Nudelmaschine. Sie erleichtert Ihnen die Arbeit und hilft, die Nudeln dünn und gleichmäßig auszurollen. Wenn Sie Ihre Nudeln völlig trocknen und mehrere Wochen aufbewahren wollen, geben Sie besser kein Salz an den Teig, denn Salz zieht die Feuchtigkeit besonders an. Die an der Luft gut getrockneten Nudeln, sie müssen völlig hart sein, lassen sich verschlossen lange aufbewahren.

Kochen von Vollkornnudeln
Man gibt die Nudeln in sprudelndes Salzwasser, dem man einen Teelöffel Öl zugefügt hat und kocht sie je nach Dicke 4 bis 6 Minuten, sie dürfen auf keinen Fall zu weich werden, sondern müssen knackig bleiben. Danach werden sie durch ein Sieb abgegossen und sofort mit einer Soße serviert oder zu den entsprechenden Rezepten weiterverarbeitet. Auf das sonst übliche Abbrausen mit kaltem Wasser können Sie hier verzichten, denn Vollkornnudeln kleben kaum zusammen.

Brotbacken

In unserem Kulturkreis spielt das Brot bei der Ernährung eine besondere Rolle, denn schon seit vielen Jahrhunderten wird der Begriff Brot gleichbedeutend mit dem Begriff Nahrung verwendet. Während leider bei vielen das Brot selbst immer unwichtiger, der Belag dagegen immer wichtiger wird, spielen in der Vollwertküche Vollkornbrote und Vollkornbrötchen eine große Rolle. Was bietet sich da mehr an, als es auch einmal zu versuchen, aus frisch gemahlenem Vollkornmehl Brote und Brötchen zu backen. Das ist wahrlich keine Hexerei. Man weiß dann zudem genau, woraus das Brot besteht, es macht unheimlichen Spaß, wenn der Duft von selbstgebackenem Brot durch die Wohnung zieht, es schmeckt unvergleichlich gut, hat einen hohen gesundheitlichen Wert und Sie sparen darüber hinaus auch noch eine Menge Geld.

Wie gehen Sie nun beim Brotbacken vor?

Nachdem Sie das Getreide ganz nach Geschmack feiner oder gröber gemahlen haben, vermischen Sie es mit dem Salz und eventuell anderen Gewürzen und fügen das in Wasser gelöste Triebmittel hinzu.

Die Angaben für die Flüssigkeitsmengen stellen in den Rezepten stets nur ein ungefähres Maß dar, weil sie von der Güte des verwendeten Getreides abhängig sind. Gut ausgereifter Weizen kann z.B. wesentlich mehr Feuchtigkeit aufnehmen als feuchter Weizen aus schlechter Ernte, dessen Klebergehalt geringer ist.

Teige aus Vollkornmehl dürfen zunächst auch noch etwas weich und feucht sein. Die Randschichten des Getreides benötigen nämlich eine längere Zeit zum Ausquellen. Der Teig wird dann fester.

Richtiges und ausdauerndes Kneten ist das A und O beim Brotbacken. Das fordert etwas Kraft und Geduld, denn der Teig sollte etwa 10 Minuten lang geknetet werden. Erst in Verbindung mit Feuchtigkeit und durch das längere Kneten entfaltet das Klebereiweiß seine Wirkung. Es gibt dem Teig ein stabiles Gerüst und sorgt auch für sein größeres Volumen.

Am besten geht das Kneten, wenn ein Teil des Teiges mit den Fingerspitzen herangezogen, umgeschlagen und wieder in die Teigmitte gedrückt wird. Dabei sollte der Teig immer wieder gedreht werden, damit er an allen Ecken und Enden durchgeknetet wird. Wenn der Teig dann die richtige Konsistenz hat, d.h. weich und geschmeidig ist, nicht mehr klebt und sich gut von der Schüssel oder vom Backbrett löst, ist der Knetvorgang beendet. Dies gilt besonders für Hefeteige.

Nach dem Kneten ist das richtige »Gehen« von großer Bedeutung, denn sonst bleibt das Brot zäh und feucht. Die Gehzeit richtet sich nach dem Teiglockerungsmittel: Hefebrote brauchen etwa eine Stunde, Sauerteig- und Backfermentbrote zunächst zwölf und dann noch einmal zwei Stunden.

Stellen Sie deshalb den zur Kugel geformten Teig mit einem Tuch abgedeckt an einen warmen Ort, zum Beispiel in die Nähe einer Heizung (24 bis 30°C sind ideal). Sie können auch den Backofen auf 50°C aufheizen, wieder ausschalten, den Teig hineinstellen und die Tür einen Spalt offenlassen.

Bevor der gut gelockerte Teig geformt oder in eine gefettete Backform gefüllt wird, muß er noch einmal kurz durchgeknetet werden. Dabei sollten Sie dann Geschmackszutaten wie Nüsse, Rosinen oder Sonnenblumenkerne unterkneten.

Um eine gute Kruste zu erhalten, werden die Brote mit einem Messer mehrmals eingeschnitten. Wenn Sie eine glatte Oberfläche wünschen, bestreichen Sie die Brote mit lauwarmem Wasser, wer eine goldgelbe Kruste mag, nimmt verquirltes Eigelb oder lauwarme Milch.

Anschließend müssen die Brote noch einmal je nach Größe und Teigart zwischen 20 und 45 Minuten an einem warmen Ort gehen. Danach werden sie in der Regel auf der untersten Leiste, Brötchen und Fladen auf der mittleren Leiste im Backofen gebacken. Wenn Sie beim Backen eine Schale mit heißem Wasser neben die Brote stellen, bekommen diese eine knusprige Kruste.

Fertiggebacken ist das Brot, wenn es eine schöne braune Kruste hat und es hohl klingt, wenn man auf den Boden des Laibes klopft. Brote, die etwa ein Kilogramm wiegen, brauchen etwa eine Stunde Backzeit, Brötchen etwa 30 Minuten, schwerere Brote etwa eineinhalb Stunden.

Hefebrote

Die Bäckerei- oder Preßhefe, die Sie abgepackt in Würfeln kaufen können, besteht aus Hefepilzkulturen. Sie sorgen dafür, daß der Teig aufgeht und locker wird.

Am besten gedeihen diese Hefepilze bei Temperaturen von etwa 25°C. Niedrigere Temperaturen schaden nichts, die Hefepilze entwickeln sich dann nur langsamer.

Zusätzlich zur Wärme benötigen sie für ihre Entwicklung aber auch genügend Feuchtigkeit, die sie durch die Flüssigkeitszugaben im Teig erhalten. Als Nahrung dient ihnen die im Getreide vorkommende Stärke, die sie mit Hilfe von Enzymen zu Zuckerverbindungen und dann zu Alkohol und Kohlendioxid abbauen. Dies treibt den Teig dann in die Höhe. Bei etwa 55°C sterben die Hefepilze jedoch ab.

Mein Tip

Hefe als Triebmittel eignet sich in erster Linie für die Herstellung von Weizen- oder Weizenmischbroten bzw. Brötchen. Bei letzteren sollte der Weizenanteil aber stets bei mindestens 50% liegen.
Wenn Sie andere Mischungsverhältnisse bevorzugen oder z. B. überwiegend mit Roggen backen wollen, sollten Sie als Triebmittel besser einen Sauerteig oder das sogenannte Backferment bevorzugen.

Weizenvollkornbrot oder Weizenvollkornbrötchen Grundrezept

Für 1 Brot oder 20 bis 24 Brötchen

1000 g Weizen
1 TL Meersalz
1 TL Anis
1 TL Koriander
1 TL Fenchel
500 bis 600 ml lauwarmes Wasser
1 bis 1½ Würfel Hefe (40 bis 60 g)

zum Bestreuen:

etwas Mohn oder Sesam

1. Den Weizen fein mahlen und mit den Gewürzen und dem Salz gut vermischen.
2. Die Hefe in dem lauwarmen Wasser auflösen und zum Weizen gießen.
3. Beides etwa 5 bis 10 Minuten lang zu einem glatten, weichen Teig verkneten, der nicht mehr kleben sollte.
4. Den Teig zu einer Kugel formen und zugedeckt etwa eine Stunde gehen lassen, bis sich sein Volumen verdoppelt hat.
5. Danach den Teig noch einmal kräftig durchkneten und entweder zu einem runden oder länglichen Laib oder daraus 20 bis 24 Brötchen formen.
6. Auf ein gefettetes Backblech setzen und eventuell mit etwas lauwarmem Wasser oder lauwarmer Milch bestreichen. Ganz nach Geschmack mit Sesam oder Mohn bestreuen und die Körner leicht andrücken.
7. An einem warmen Ort noch einmal 10 bis 15 Minuten gehen lassen. Dann das Blech mit Brötchen auf die mittlere Leiste, das Brot auf die unterste Leiste in den kalten Backofen schieben und bei 220°C die Brötchen etwa 30 bis 35 Minuten, das Brot 60 Minuten backen.
8. Das Brot oder die Brötchen auf einem Kuchengitter gut auskühlen lassen.

Zubereitungszeit: ca. 35 Minuten
Zeit zum Gehen: ca. 75 Minuten
Backzeit: ca. 60 Minuten (Brot)
ca. 35 Minuten (Brötchen)

Sauerteigbrote

Der Sauerteig ist das älteste Triebmittel der Welt, er besteht aus Hefepilzen und Milchsäurebakterien, die überall in der Natur vorkommen. Sauerteig ist besonders dazu geeignet, schwere Roggen- oder Roggenmischteige in die Höhe zu treiben. Sie können Sauerteig kaufen, zum Beispiel im Reformhaus oder auch in manchen Bäckereien, die noch mit Natursauerteig backen, aber Sie können natürlich den Sauerteig auch selbst herstellen.

Sauerteigansatz Grundrezept

100 g Roggen, fein gemahlen
100 g Roggen, grob geschrotet
250 ml lauwarmes Wasser
1 TL Kümmel
2 EL Joghurt, Buttermilch, Molke oder Sauerkrautsaft

1. Die angegebenen Zutaten zu einem weichen Teig vermischen, in ein großes Schraubglas füllen und so 2 bis 3 Tage an einem warmen Ort stehen lassen.

2. Der Sauerteig ist fertig, wenn sich an seiner Oberfläche feine Risse und Gärungsbläschen zeigen. Er riecht und schmeckt angenehm säuerlich.

Sie brauchen nun nicht jedes Mal beim Brotbacken so einen Sauerteigansatz herzustellen. Das geht viel einfacher. Immer wenn Sie ein Sauerteigbrot oder ein Backfermentbrot backen, nehmen Sie ein Stück vom Vorteig ab und bewahren diesen Teigrest fest verschlossen in einem Schraubglas im Kühlschrank auf. Dort ist er ungefähr eine Woche haltbar.

Beim nächsten Backen wird der Teigrest in Flüssigkeit aufgelöst und unter den neu angesetzten Teig gerührt. Er bringt diesen dann zum Gären. (Nicht vergessen: Behalten Sie auch jetzt wieder einen Teigrest zurück.)

Wer sich nicht auf die Triebkraft des Sauerteiges allein verlassen will, aber trotzdem sauerteigähnliche Brote backen möchte, dem sei die Verwendung des sogenannten Sekowa-Backfermentes empfohlen.

Das Backferment ist ein trockenes Granulat, das auf der Basis von Getreide und Honig hergestellt wird und bei sachgemäßer Lagerung etwa ein Jahr haltbar ist. Man erhält es in Naturkostläden und in Reformhäusern.

Backfermentbrote sind sehr bekömmlich, bleiben lange frisch und können aus allen Getreidesorten einschließlich Soja, Buchweizen und Maniok hergestellt werden. Ihre Teigführung ist nicht sehr empfindlich, und sie geht schneller als die Teigführung bei reinen Sauerteigbroten.

Backfermentroggenbrot Grundrezept

Für 2 Brote

Vorteig:

800 g Roggen
800 ml warmes Wasser (30°C)
2 bis 3 EL Sauerteigansatz
(Starter oder Grundansatz)
2 TL Backferment

Hauptteig:

1200 g Roggen
1 EL gemahlener Kümmel
1 EL gemahlener Koriander
3 TL Salz
1 EL ganzer Kümmel
600 ml warmes Wasser (45°C)

zum Bestreuen:

etwas Mohn oder Sesam

1. Den Roggen für den Vorteig mittelfein schroten und den Sauerteigansatz und das Backferment in dem warmen Wasser klümpchenfrei auflösen. Mit einem Holzlöffel das Roggenschrot gründlich mit dem Wasser verrühren und bei einer Raumtemperatur von mindestens 20°C 12 Stunden stehenlassen (eine längere Zeit schadet nichts).

2. Der Teig darf in dieser Zeit nicht abtrocknen. Deshalb sollten Sie die Schüssel mit einem feuchten Tuch und zusätzlich noch mit einer Plastiktüte oder Alufolie abdecken. Von diesem Teigansatz können Sie etwa 3 EL für das nächste Backen abnehmen, die Sie in einem Schraubglas im Kühlschrank aufbewahren.

3. Am nächsten Morgen den Roggen für den Hauptteig mittelfein bis fein mahlen und das Salz in dem warmen Wasser auflösen.

4. Roggenmehl, Wasser und Gewürze zum Vorteig geben, alles gut miteinander vermengen und den Teig 10 Minuten lang gut durchkneten. (Der Teig ist sehr feucht und klebt noch an den Händen.) An einem warmen Ort sollte er dann noch einmal ein bis zwei Stunden gehen. Danach ist er etwas aufgegangen und zeigt eine gute Lockerung.

5. Anschließend den Teig noch einmal gut durchkneten und am besten in zwei gefettete Backformen füllen. Glattstreichen, dann die Oberfläche mehrmals einschneiden und an einem warmen Ort noch einmal 30 bis 45 Minuten gehen lassen.

6. Die Formen auf die unterste Leiste in den kalten Backofen schieben, eine Schüssel mit heißem Wasser daneben stellen und die Brote bei 220°C etwa 60 bis 75 Minuten backen. Noch weitere 15 Minuten im ausgeschalteten Backofen belassen.

7. Auf ein Kuchengitter stürzen und vor dem Anschneiden mindestens 24 Stunden auskühlen lassen.

Zubereitungszeit: ca. 40 Minuten
Zeit zum Gehen: ca. 15 Minuten
Backzeit: ca. 75 Minuten
Zeit zum Auskühlen: ca. 24 Stunden

Kuchenbacken

Grundlage Ihres Gebäcks sollte am besten das frisch gemahlene Vollkornmehl sein. Meist werden Sie hierfür zunächst einmal Weizen verwenden. An seiner Stelle können Sie aber auch jederzeit Dinkel nehmen. Mit ihm kann man nämlich nicht nur hervorragend backen, er läßt alles Gebäck auch noch feiner, nußartiger und aromatischer schmecken.

Mit etwas Backerfahrung lohnt es sich dann auch, mit Hirse, Mais, Buchweizen und Hafer zu backen, denn jede Getreideart hat einen eigenen Geschmack.

Ob Sie lieber Margarine oder Butter zum Backen verwenden, ist wohl eine Frage Ihrer persönlichen Vorliebe. Unbestritten bleibt, daß frische Butter jedem Gebäck einen ganz besonders feinen Geschmack verleiht.

Eine weitere wichtige Backzutat sind Eier. Sie sorgen bei vielen Rezepten für ein lockeres und luftiges Gebäck. Allerdings sollten Sie schon aus gesundheitlichen Gründen Eier nie unüberlegt verwenden. Eine gute Teiglockerung kann man auch durch gutes Schlagen, Rühren oder Kneten erlangen, oder man versucht, neben den eigentlichen Backtriebmitteln (Hefe, Backpulver) durch Zugabe von Milchsäure (enthalten in Joghurt, saurer Sahne, Quark und Buttermilch) den Teig zu lockern. In manchen Fällen lassen sich Eier auch durch Mineralwasser und Sojamehl ersetzen.

Zum Schluß muß natürlich unbedingt noch erwähnt werden, daß beim Backen mit frischem Vollkornmehl und anderen naturbelassenen Zutaten auf die Verwendung von Zucker ganz verzichtet wird. Daß Zucker Karies hervorruft, ist hinlänglich bekannt. Daß Zucker aber auch den Stoffwechsel in unserem Körper stört, unsere Darmflora negativ beeinflußt und in Verbindung mit Vollkornmehl bei vielen Menschen Unverträglichkeitserscheinungen hervorrufen kann, wissen die wenigsten.

Vollkorngebäck wird deshalb stets so sparsam wie möglich gesüßt. Wir verwenden Honig, ungeschwefelte Trockenfrüchte, süße frische Früchte und manchmal auch Zuckerrübensirup, Apfel- und Birnendicksaft oder Sucanat.

Im folgenden möchte ich Ihnen die wichtigsten aus Vollkornmehl hergestellten Teigarten vorstellen. Anhand der Grundrezepte erfahren Sie, worauf Sie beim Backen achten sollten und wie Sie diese dann ganz nach Ihrem Geschmack abwandeln können.

Hefeteig

Kaum ein Teig läßt sich so gut mit Vollkorn backen und so vielseitig variieren wie der Hefeteig. Sie können aus ihm sowohl einen saftigen Obstboden, gefüllte Teigtaschen oder auch einen Napfkuchen backen. Es gibt nicht viele Dinge, auf die Sie beim Hefeteig achten müssen. So sollten die Zutaten stets Zimmertemperatur haben, weil sich die Hefepilze besonders unter Wärme gut entfalten können.
Man kann einen Hefeteig durchaus ohne Fett backen, allerdings wird er mit Fett gebacken saftiger und bleibt auch länger frisch. Damit der Teig aber trotzdem immer gut aufgeht, sollte die Fettmenge nie mehr als ein Drittel der verwendeten Mehlmenge sein.
Ähnliches gilt für Eier. Sie machen den Teig zwar locker, zu viele Eier lassen ihn aber trocken werden. Als Faustregel gilt daher: nie mehr als zwei ganze Eier auf 500 g Vollkornmehl. Und noch ein Tip: Je länger und sorgfältiger Sie Ihren Teig kneten, um so besser, sprich lockerer, wird er.

Variationen

Anstelle des Weizens kann sehr gut Dinkel genommen werden. Bis zu 50% des Weizens können auch durch Hafer, Hirse, Buchweizen oder Gerste ersetzt werden.

Hefeteig Grundrezept

Für 4 Personen

- 500 g Weizen
- 200 ml lauwarme Milch
- 30 bis 40 g Hefe
- 1 Ei
- 100 g Butter
- 80 g Honig
- abgeriebene Schale einer unbehandelten Zitrone

1. Den Weizen fein mahlen. Die Hefe in der lauwarmen Milch auflösen.
2. Alle Zutaten etwa 5 bis 10 Minuten lang zu einem glatten, weichen Teig kneten, bis dieser sich gut von der Schüssel löst und glatt und geschmeidig ist.
3. Anschließend den Teig zu einer Kugel formen und zugedeckt an einem warmen Ort etwa eine Stunde gehen lassen, bis sich sein Volumen nahezu verdoppelt hat.
4. Danach den Teig noch einmal kurz, aber gut durchkneten. Entweder zu Gebäcken formen oder auf einem gefetteten Backblech ausrollen. Noch einmal 10 bis 20 Minuten gehen lassen. Je nach Kuchenbelag und Kuchenform bei 200°C etwa 30 bis 50 Minuten backen.

Zubereitungszeit: ca. 30 Minuten
Zeit zum Gehen: ca. 80 Minuten
Backzeit: 30 bis 50 Minuten

Mürbeteig

Der Mürbeteig ist im Handumdrehen zubereitet und eignet sich vorzüglich zum Belegen mit frischem Obst. Er ist der fettreichste unter den Teigen, trotzdem sollte sein Fettanteil nicht mehr als die Hälfte des verwendeten Vollkornmehls betragen.

Damit der Teig später nicht so leicht bricht und außerdem auch noch gut ausquellen kann, streichen Sie den weichen Teig am besten sofort nach dem Kneten in die Form und lassen ihn darin mindestens 30 Minuten im Kühlschrank ruhen.

Nach dem Backen sollten Sie den Mürbeteig auf keinen Fall in der Form erkalten lassen, weil er sonst anklebt. Lassen Sie ihn daher nur kurz abkühlen und lösen Sie ihn dann mit Hilfe eines spitzen und flachen breiten Messers aus der Form.

Variationen

Sie können 50% des Weizens auch durch Buchweizen, Hafer, Hirse oder Gerste ersetzen. Wenn Sie einen salzigen Mürbeteig mit einem Gemüsebelag herstellen möchten, ersetzen Sie den Honig durch Salz und Kümmel und die Nüsse durch geriebenen Käse.

Mürbeteig Grundrezept

Für eine Springform von 26 cm Ø

- 200 g Weizen
- 50 g Haselnüsse
- 1 Ei
- 125 g Butter oder Margarine
- 2 EL Honig
- 1/4 TL gemahlene Vanille
- 1 Prise Salz

1. Den Weizen und die Haselnüsse fein mahlen, miteinander vermischen und mit den übrigen Zutaten zu einem glatten weichen Teig verkneten.

2. Den Teig mit einem nassen Löffel in eine gefettete Springform streichen und mindestens eine halbe Stunde in den Kühlschrank stellen. Mit einer Gabel mehrmals einstechen.

3. Entweder dem jeweiligen Rezept entsprechend weiterverarbeiten oder bei 220°C ohne Belag auf der mittleren Leiste in 15 bis 20 Minuten goldbraun backen.

Zubereitungszeit: ca. 20 Minuten
Zeit zum Kühlen: mindestens 30 Minuten
Backzeit: ca. 20 Minuten

Rührteig

Der Rührteig ist die unkomplizierteste Teigart. Egal, ob Sie kleine, hohe oder flache Kuchen oder Torten backen, er gelingt eigentlich immer, selbst wenn keine Backerfahrung vorhanden ist. Alle Zutaten für den Rührteig sollten Zimmertemperatur haben.
Damit der Teig besonders zart und locker wird, ist das richtige, ausdauernde Rühren von besonderer Bedeutung, eine Arbeit, die uns heute das elektrische Handrührgerät abnimmt.
Alle Zutaten werden am besten nicht auf einmal, sondern nacheinander zu einer homogenen Masse verrührt. Der Teig sollte dann vor dem Backen am besten 30 Minuten ruhen, damit das Vollkornmehl besser ausquellen kann. Rührkuchen bleibt saftig und frisch, wenn man ihn fest in Alufolie einwickelt und kühl aufbewahrt.

Variationen

Ein Teil des Weizens kann durch Hirse, Hafer, Mais oder Reis ersetzt werden. Als weitere Geschmackszutaten können Sie Kakao, Carob, Nüsse, verschiedene Gewürze oder Früchte verwenden.
Wenn Sie die Eier trennen und das steif geschlagene Eiweiß zum Schluß vorsichtig unter den Teig heben, wird der Kuchen besonders locker.

Rührteig Grundrezept

Für eine Kastenform von 30 cm Länge

- 200 g Butter oder Margarine
- 150 bis 200 g Honig
- 3 große Eier
- Saft oder Schale von einer unbehandelten Zitrone
- 1 Prise Salz
- 1 Päckchen Weinsteinbackpulver
- 500 g Weizen
- etwa 200 ml Milch

1. Die Butter mit dem Honig und den Eiern schaumig rühren. Nacheinander den Saft und die Schale der Zitrone, das Salz, das Backpulver, den fein gemahlenen Weizen und die Milch hinzufügen. Alle Zutaten mit dem Handrührgerät auf höchster Stufe gut verrühren.
2. Den Teig etwa 30 Minuten ruhen lassen.
3. Danach eine Kastenform von etwa 30 cm Länge gut einfetten, eventuell mit Vollkornbröseln oder Sesam ausstreuen, den Teig hineinfüllen und glattstreichen.
4. Die Form auf die unterste Leiste in den kalten Backofen schieben und bei 180°C etwa 60 bis 70 Minuten backen.

Zubereitungszeit: ca. 20 Minuten
Zeit zum Ruhen: ca. 30 Minuten
Backzeit: ca. 70 Minuten

Biskuitteig

Der Biskuitteig ist ein lockeres, leichtes Backwerk, das aus verhältnismäßig vielen Eiern, Getreide und Honig, aber keinem Fett besteht. Biskuittorten werden meist bei besonderen Gelegenheiten gebacken. Damit sie auch bestimmt sehr locker werden, muß zunächst die Eigelb-Honig-Masse lange schaumig geschlagen werden, bevor das frisch gemahlene Vollkornmehl vorsichtig untergerührt wird. Erst ganz zum Schluß wird dann das steif geschlagene Eiweiß vorsichtig untergehoben, der Teig sofort in eine Form gefüllt und im vorgeheizten Backofen gebacken. Dabei darf man während der ersten 20 Minuten der Backzeit die Backofentür auf keinen Fall öffnen, da die Torte sonst zusammenfällt.

Variationen

Ein Teil des Vollkornmehls kann durch Nüsse ersetzt werden, dann erhält man einen Nußbiskuit. Als weitere Geschmackszutaten kann man Kakao oder Zitronen- bzw. Orangensaft hinzufügen.

Biskuitteig Grundrezept

Für eine Springform von 26 cm Ø
Vorheizen des Backofens auf 180°C

4 Eier
120 bis 150 g Honig
4 EL Wasser
1 Prise Salz
1/4 TL gemahlene Vanille
160 g Weizen
eventuell 1 TL Weinsteinbackpulver

1. Die Eier trennen. Die Eigelbe mit dem Honig, dem Wasser, dem Salz und der Vanille so lange rühren, bis eine schaumige Masse entstanden ist.
2. Den Weizen fein mahlen und mit dem Backpulver mischen. Vorsichtig mit der Eigelbmasse verrühren.
3. Die Eiweiße sehr steif schlagen. Mit Hilfe eines Löffels vorsichtig unter den Teig heben.
4. Diesen sofort in eine gefettete Springform füllen und auf die unterste Leiste in den auf 180°C vorgeheizten Backofen schieben. Etwa 35 bis 40 Minuten backen.
5. Die Form aus dem Backofen nehmen, etwas abkühlen lassen, mit einem spitzen Messer den Rand lösen und den Kuchen auf ein Gitter stürzen. Den Boden abnehmen.
6. Die Torte am besten einen Tag durchziehen lassen, dann halbieren und nach Geschmack füllen.

Zubereitungszeit: ca. 25 Minuten
Backzeit: ca. 40 Minuten
Zeit zum Auskühlen: ca. 1 Tag

Rezepte

Alle Rezepte sind, sofern nicht anders angemerkt, für 4 Personen, lassen sich jedoch leicht umrechnen. Die Mengenangaben in der Zutatenliste gehen immer von der Rohware aus, es sei denn, es ist ausdrücklich anders angegeben. Sie schließen also die durchschnittlich anfallenden Abfallmengen ein, so daß Sie die Zutatenliste quasi als Einkaufszettel benutzen können.

Bei den Angaben TL (Teelöffel) und EL (Eßlöffel) sind generell gestrichene Maße gemeint, wird ein gehäufter Löffel benötigt, wird dies extra angegeben. Die Zubereitungszeit ist ein Mittelwert, sie hängt natürlich stark von der persönlichen Erfahrung und Übung ab. Sie setzt sich aus Vorbereitungs- und Garzeit zusammen. Backzeiten, Zeit zum Kühlen und Zeiten, die Teige zum Gehen brauchen, sind extra ausgewiesen.

Müsli und Getreidesalate

Pikantes Weizenschrot

100 g Weizen
etwa 150 ml Wasser
frisch gemahlener Pfeffer
1/2 TL Salz
Saft von einer halben Zitrone
2 EL Sonenblumenöl
1 kleine Zwiebel
1 Bund Schnittlauch, Petersilie
oder andere frische Küchenkräuter
1 bis 2 Möhren

1. Den Weizen grob schroten, mit dem Wasser zu einem Brei verrühren und diesen abgedeckt eine halbe bis drei Stunden quellen lassen.
2. Anschließend den Schrotbrei mit Pfeffer, Salz, Zitronensaft und dem Sonnenblumenöl würzen.
3. Die Zwiebel schälen und sehr fein würfeln. Die Kräuter waschen und fein hacken. Die Möhren schälen und fein reiben. Die Zwiebel, die Möhren und die Kräuter unter den Schrotbrei ziehen.
Zu Rohkostsalaten servieren.

Zubereitungszeit: ca. 25 Minuten
Zeit zum Quellen:
mindestens 1/2 Stunde
(Farbtafel 1)

Frischkornmüsli

Für 1 Person

50 g Weizen oder anderes Getreide
1 TL Zitronensaft
1 TL Sonnenblumenkerne
1 TL Rosinen
2 EL Sahne, Dickmilch oder Joghurt
1 mittelgroßer Apfel
1/4 bis 1/2 Banane
1 TL Haselnüsse

1. Den Weizen grob schroten, mit etwas kaltem Wasser zu einem dickflüssigen Brei verrühren. Dabei aber nur so viel Wasser hinzufügen, wie das Getreide aufsaugen kann.
2. Den Schrotbrei abdecken und im Kühlschrank, am besten über Nacht, quellen lassen. Die Einweichzeit sollte mindestens eine halbe Stunde und höchstens 10 Stunden betragen.
3. Am nächsten Morgen den eingeweichten Weizen mit dem Zitronensaft, den Sonnenblumenkernen, den Rosinen und der Sahne mischen. Den Apfel waschen, entkernen und grob reiben, die Banane in Scheiben schneiden. Die Nüsse hakken oder blättrig schneiden.
4. Den geraspelten Apfel unter den Frischkornbrei heben, mit den Bananenscheiben und den gehackten Nüssen garnieren, sofort servieren.

Zubereitungszeit: ca. 20 Minuten
Zeit zum Quellen: mindestens 1/2 Stunde
(Farbtafel 1)

Sprossenmüsli

etwa 100 g Weizen, 2 bis 3 Tage gekeimt (siehe Seite 41)
2 EL ungeschwefelte Rosinen
1 EL Sonnenblumenkerne
1 EL Leinsamen
1 Tasse Milch, Sahne, Joghurt oder Dickmilch
2 Äpfel
2 EL Haselnüsse
200 g gemischte Beeren oder anderes Obst entsprechend der Jahreszeit

1. Die Weizensprossen mit den Rosinen, den Sonnenblumenkernen, den Leinsamen und der Milch vermischen.
2. Die Äpfel waschen, entkernen, grob raspeln und unterheben.
3. Die Haselnüsse klein hacken und dazugeben.
4. Die Beeren gut waschen, abtropfen lassen und das Müsli damit garnieren.

Zubereitungszeit: ca. 10 Minuten
Zeit zum Keimen: ca. 3 Tage

Variationen

Statt der Weizensprossen Gersten-, Hafer- oder Buchweizensprossen verwenden. Getreidesprossen können Sie auch durch eingeweichtes Schrot oder Flocken ersetzen.

Pikanter Hafersalat

- 100 g Hafer
- 1/2 l Wasser
- 1 TL Salz
- 500 g Chicorée
- 2 Äpfel
- 2 Möhren
- 1 Orange
- 3 EL Sonnenblumenöl
- Saft von einer halben bis einer Zitrone
- 1 Joghurt
- 1 TL Senf
- Meersalz
- frisch gemahlener Pfeffer
- 1 Bund Schnittlauch

1. Den Hafer über Nacht in einem halben Liter Wasser einweichen.
2. Am nächsten Tag das Salz hinzufügen und die Haferkörner mit dem Einweichwasser aufkochen. 10 bis 15 Minuten auf kleiner Flamme köcheln lassen und anschließend auf der abgeschalteten Herdplatte (oder in der Kochkiste) 30 bis 60 Minuten quellen lassen.
3. Den Chicorée, die Äpfel und die Möhren waschen. Das bittere Ende des Chicorées keilförmig herausschneiden, jede Staude dann in schmale Streifen schneiden. Die Äpfel vom Kerngehäuse befreien und in Würfel schneiden, die Möhren eventuell schälen, dann grob raspeln. Die Orange schälen, in Scheiben schneiden und auseinanderpflücken.
4. Alle Salatzutaten locker mit dem abgekühlten Hafer vermischen.
5. Aus Öl, Zitronensaft, Joghurt, Senf, Salz und Pfeffer eine Salatsoße rühren, diese unterziehen und den Salat mit fein geschnittenem Schnittlauch servieren.

Zubereitungszeit: ca. 25 Minuten
Zeit zum Quellen: ca. 11 Stunden

Hafermüsli

- 200 g ganze Haferkörner
- 1/4 bis 1/2 l kochendes Wasser
- 4 Äpfel
- 2 EL Rosinen
- 2 TL Carob
- 250 g Obst entsprechend der jeweiligen Jahreszeit
- Milch, Kefir oder Dickmilch nach Geschmack

1. Den Hafer grob schroten und mit kochendem Wasser übergießen. Der Hafer quillt auf diese Weise sehr schnell. Geben Sie nur so viel Wasser dazu, wie der Hafer aufsaugt.
2. Die Äpfel waschen, entkernen, grob reiben und zusammen mit den Rosinen und dem Carob unter den gequollenen Haferbrei rühren.
3. Das Obst waschen, nach Bedarf klein schneiden und das Hafermüsli damit garnieren.
4. Bei Tisch übergießt sich jeder seine Müsliportion ganz nach Geschmack mit Milch, Dickmilch oder Kefir.

Zubereitungszeit: ca. 30 Minuten

Herzhafter Grünkernsalat

150 g Grünkern
1/2 l Gemüsebrühe
500 g Sauerkraut, 2 bis 3 Äpfel
150 g Joghurt oder saure Sahne
3 EL Sonnenblumenöl
2 EL Zitronensaft
1 TL Senf, Kräutersalz
frisch gemahlener Pfeffer
frisch gemahlener Kümmel
6 Walnüsse
1 Bund Schnittlauch

1. Den Grünkern waschen und zusammen mit der Gemüsebrühe zum Kochen bringen. Bei geschlossenem Topf auf kleiner Flamme etwa 30 bis 40 Minuten köcheln lassen. Anschließend auf der ausgeschalteten Herdplatte oder in der Kochkiste etwa 30 Minuten nachquellen lassen.
2. Das Sauerkraut auseinanderzupfen und eventuell etwas klein schneiden. Die Äpfel waschen, vom Kerngehäuse befreien und in kleine Würfel schneiden.
3. Zusammen mit den abgekühlten Grünkernkörnern mit dem Sauerkraut vermischen.
4. Den Joghurt mit dem Sonnenblumenöl, dem Zitronensaft und dem Senf verrühren, mit Kräutersalz, Pfeffer und Kümmel würzen.
5. Die Soße unter den Salat ziehen und diesen mit den grob gehackten Walnüssen und fein geschnittenem Schnittlauch bestreut servieren.

Zubereitungszeit: ca. 70 Minuten
Zeit zum Quellen: ca. 30 Minuten

Haferflockenmüsli

120 g Haferflocken (möglichst frisch gequetscht) oder Haferschrot
50 g Buchweizen, 2 Tage gekeimt
50 g Sonnenblumenkerne, 1 bis 2 Tage gekeimt
4 Äpfel
1 Banane
250 g Beeren oder anderes Obst entsprechend der Jahreszeit

1. Die Haferflocken in eine Schüssel geben.
2. Die Buchweizensprossen und die Sonnenblumensprossen gut abspülen und mit den Haferflocken vermischen.
3. Die Äpfel waschen, entkernen, grob raspeln und unter die Haferflockenmischung ziehen.
4. Mit der geschälten und in Scheiben geschnittenen Banane und mit den gewaschenen Beeren hübsch garnieren.

Zubereitungszeit: ca. 30 Minuten
Zeit zum Keimen: ca. 2 Tage

Reissalat

- 400 g Reis
- 800 ml Wasser
- 1 Gemüsebrühwürfel
- 1 EL Olivenöl
- 4 mittelgroße Zucchini
- Basilikum
- Oregano
- 1 Kopfsalat oder eine entsprechende Menge Pflücksalat
- 2 Tassen Kresse
- 2 Tassen Alfalfagrün
- 50 bis 100 g Oliven, mit Paprika gefüllt
- 6 EL Olivenöl
- 1 EL Balsamessig
- Saft von einer halben Zitrone
- 1 TL Senf
- 1 Knoblauchzehe
- je 1/2 TL frische fein gehackte Minze, Thymian, Oregano, Estragon
- 1/2 TL Meersalz
- frisch gemahlener Pfeffer

1. Den Reis waschen und zusammen mit dem Wasser und dem Gemüsebrühwürfel in 40 bis 45 Minuten weich kochen. Dann abkühlen lassen.

2. In der Zwischenzeit die Zucchini waschen und in 1/2 cm dicke Scheiben schneiden. Auf ein geöltes Backblech legen und bei 220°C etwa 15 Minuten backen. Mit Basilikum und Oregano würzen.

3. Den Salat waschen, trockenschleudern und in mundgerechte Stücke zupfen oder in Streifen schneiden. Die Kresse und das Alfalfagrün gut abspülen und abtropfen lassen. Die Oliven in Scheiben schneiden.

4. Alle Salatzutaten locker mit dem abgekühlten Reis mischen.

5. Aus dem Olivenöl, dem Essig, dem Zitronensaft, dem Senf und der zerdrückten Knoblauchzehe, den Kräutern, Salz und Pfeffer eine Salatsoße rühren und diese unter den Salat ziehen.

Zubereitungszeit: ca. 60 Minuten

Mein Tip

Dieses Rezept ist als Hauptgericht ohne weitere Beilage für die Mittags- oder Abendmahlzeit gedacht. Als Beilage nehmen Sie nur die halbe Menge.

Pikanter Frühlingssalat

- 150 g Grünkern
- etwa 300 ml Gemüsebrühe
- 300 bis 400 g Frühlingsblattsalate
- 1 bis 2 Bund Radieschen
- 1 Bund Schnittlauch
- 2 bis 4 Frühlingszwiebeln

Salatsauce:

- 5 EL Zitronensaft, 8 EL Sonnenblumenöl
- 4 EL Sahne
- 1 EL Tomatenmark (selbstgemacht)
- Kräutersalz, frisch gemahlener Pfeffer
- 1 zerdrückte Knoblauchzehe
- 1 bis 2 EL gehackte Walnußkerne

1. Den Grünkern grob schroten und mit Hilfe eines Schneebesens in kochende Gemüsebrühe rühren. Etwa 5 bis 10 Minuten lang bei geschlossenem Deckel auf kleiner Flamme köcheln lassen. Auf der abgeschalteten Herdplatte 30 Minuten nachquellen lassen.
2. Die Blattsalate waschen, verlesen und gut abtropfen lassen. In mundgerechte Stücke zupfen oder schneiden. Die Radieschen und die Frühlingszwiebeln ebenfalls waschen, putzen und in Scheiben schneiden. Den Schnittlauch in Röllchen schneiden und alles mischen.
3. Die Zutaten für die Salatsauce verrühren, unter den Salat ziehen.
4. Den abgekühlten Grünkernschrot unter den Salat heben. Mit den Walnußkernen bestreuen.

Zubereitungszeit: ca. 30 Minuten
Zeit zum Quellen: ca. 30 Minuten

Hirsesalat mit Früchten

- 200 g Hirse
- 400 bis 450 ml Wasser
- 1 EL Honig
- 1 Banane
- 4 Orangen
- 2 Äpfel
- 2 Birnen
- 200 g süße Sahne
- 1/4 TL gemahlene Vanille
- 1 EL Sucanat (Ursüße)
- einige Walnußhälften zum Garnieren

1. Die Hirse heiß waschen, in das kochende Wasser mit dem Honig streuen und etwa 10 Minuten auf kleiner Flamme köcheln lassen. Anschließend auf der ausgeschalteten Herdplatte bei geschlossenem Topf noch 10 bis 20 Minuten nachquellen lassen.
2. Das Obst waschen, die Banane und die Orange schälen. Die Äpfel vom Kerngehäuse befreien und grob raspeln. Die Birnen vom Kerngehäuse befreien und in Würfel, die Banane und die Orangen in Scheiben schneiden. Anschließend die Orangenscheiben vorsichtig auseinanderpflücken.
3. Danach das Obst mit der abgekühlten Hirse vermischen.
4. Die Sahne steif schlagen und mit der Vanille und dem Sucanat würzen. Unter den Salat ziehen und diesen mit Walnußhälften garniert servieren.

Zubereitungszeit: ca. 40 Minuten
Zeit zum Quellen: mindestens 10 Minuten

Suppen und Soßen

Gerstencremesuppe

250 g Möhren
100 g Sellerie
1 Stange Lauch
1 große Zwiebel
1 EL Butter, 1 EL Wasser
1 l Gemüsebrühe
60 g Gerste
1/4 l Wasser
Koriander, Selleriesalz
Piment
1 Becher saure Sahne (150 g)
1 Tasse Alfalfagrün, 1 Bund Schnittlauch oder 1 Bund Petersilie

1. Das Gemüse waschen und putzen. Die Möhren und den Sellerie in kleine Würfel, den Lauch in feine Ringe schneiden.
2. Die Zwiebel in kleine Würfel schneiden, in der Butter und dem Wasser glasig dünsten, das Gemüse hinzufügen, kurz mitdünsten, dann mit der Gemüsebrühe ablöschen.
3. Die Gerste fein mahlen und mit dem Wasser verrühren. Mit Hilfe eines Schneebesens in die kochende Suppe rühren und auf kleiner Flamme etwa 20 bis 30 Minuten köcheln lassen.
4. Mit Koriander, Selleriesalz und Piment abschmecken, die saure Sahne unterziehen und das Alfalfagrün oder den fein gehackten Schnittlauch beziehungsweise die Petersilie hinzufügen.

Zubereitungszeit: ca. 50 Minuten

Zucchinicremesuppe

500 g Zucchini
1 Zwiebel
3 EL Öl
2 Gemüsebrühwürfel
30 g Weizen
1/2 Becher Sahne
1 EL Butter
1 TL Delikata
1 TL Thymian
frisch gemahlener Pfeffer
frisch geriebene Muskatnuß
Kräutersalz
2 EL Hefeflocken
2 EL feingehackte Petersilie oder
4 EL Alfalfasprossen

1. Die Zucchini putzen, waschen und in feine Stücke schneiden. Die Zwiebel schälen und fein würfeln.
2. Anschließend die Zwiebelwürfel und die Zucchini in dem Öl glasig dünsten. 3/4 l Wasser und die beiden Gemüsebrühwürfel hinzufügen und bei kleiner Hitze etwa 20 Minuten kochen.
3. Den Weizen fein mahlen und mit dem restlichen 1/4 l Wasser verrühren, unter die Suppe mischen und noch 5 Minuten kochen lassen.
4. Die Sahne und die Butter unterziehen und die Suppe mit den Gewürzen abschmecken.
5. Vor dem Servieren die Hefeflokken einrühren, die Petersilie oder die Alfalfasprossen darüberstreuen.

Zubereitungszeit: ca. 40 Minuten

Mandelcremesuppe

- 60 g Weizen
- 1 l Gemüsebrühe
- 100 g Mandeln
- 100 g Sahne
- 1 Eigelb
- Meersalz
- 1 TL Curry
- 2 EL gehobelte Mandeln

1. Den Weizen fein mahlen und in die kochende Gemüsebrühe einrühren, 5 Minuten auf kleiner Flamme köcheln lassen.
2. Die Mandeln ebenfalls fein mahlen und mit Hilfe eines Schneebesens in die Suppe rühren. Etwa 10 Minuten auf der ausgeschalteten Herdplatte quellen lassen.
3. Die Sahne mit dem Eigelb verquirlen und die Suppe damit legieren. Die Suppe erhitzen, aber nicht mehr kochen, da das Eigelb sonst gerinnt.
4. Die Suppe mit Salz und Curry abschmecken und vor dem Servieren mit den gehobelten Mandeln bestreuen.

Zubereitungszeit: ca. 25 Minuten

Grünkern-Pilz-Suppe

- 1 große Zwiebel
- 2 EL Sonnenblumenöl
- 1¼ l Wasser oder Gemüsebrühe
- 75 g Grünkern
- 1 TL Basilikum
- 1 TL Majoran
- 200 g Champignons
- ½ bis 1 TL Curry
- Kräutersalz
- 3 EL Schnittlauchröllchen, Alfalfagrün oder Petersilie

1. Die Zwiebel schälen, in feine Würfel schneiden und in dem Öl glasig dünsten. Das Wasser oder die Gemüsebrühe hinzufügen und zum Kochen bringen.
2. Den Grünkern grob schroten und mit Hilfe eines Schneebesens in die Suppe rühren. Mit Basilikum und Majoran würzen.
3. Die Suppe bei geschlossenem Topf auf kleiner Flamme etwa 30 Minuten köcheln lassen.
4. In der Zwischenzeit die Champignons putzen, halbieren oder in Scheiben schneiden und 5 Minuten in der Suppe ziehen lassen.
5. Die Suppe mit Curry und Kräutersalz abschmecken und mit den Schnittlauchröllchen, dem Alfalfagrün oder der Petersilie bestreut servieren.

Zubereitungszeit: ca. 40 Minuten
(Farbtafel 2)

Reiscremesuppe

- 1 Zwiebel
- 1 EL Butter
- 1 dünne Stange Lauch
- 1 kleine Möhre
- 1 Stück Sellerie
- $1^1/_4$ l Wasser
- nach Geschmack 1 bis 2 Gemüsebrühwürfel
- 100 g Reis
- $^1/_4$ l Wasser
- frisch gemahlener Pfeffer
- 1 TL Curry
- 4 EL saure Sahne
- 1 Tasse frische gemischte Gartenkräuter oder 1 Tasse frische Wildkräuter, feingehackt, oder 2 Tassen Sprossen (z. B. Linsen-, Mungobohnen- oder Alfalfasprossen

1. Die Zwiebel schälen, in feine Würfel schneiden und in der Butter glasig dünsten.
2. Das Gemüse waschen und putzen. Den Lauch in hauchdünne Ringe schneiden, Möhren und Sellerie grob raspeln. Alles zu den Zwiebelwürfeln geben und ganz kurz mitdünsten.
3. Mit dem Wasser ablöschen, nach Geschmack die Gemüsebrühwürfel hinzufügen und etwa 5 Minuten auf kleiner Flamme köcheln lassen.
4. Den Reis fein mahlen und mit einem Viertel Liter Wasser verrühren. Mit Hilfe eines Schneebesens in die Suppe rühren und einmal aufkochen lassen.
5. Die Suppe mit frisch gemahlenem Pfeffer und Curry abschmekken, die saure Sahne unterziehen und die Sprossen oder Kräuter hinzufügen, die Suppe nun nicht mehr kochen.

Zubereitungszeit: ca. 30 Minuten
(Farbtafel 2)

Kerbelsuppe

- 1 kleine Zwiebel
- 40 g Butter
- 1 l Gemüsebrühe
- 2 EL Hirse
- Kräutersalz
- frisch gemahlene Muskatnuß
- 2 Tassen Kerbel
- 125 g Joghurt

1. Die Zwiebel schälen, in feine Würfel schneiden und in der Butter andünsten. Die Gemüsebrühe dazugeben.
2. Die Hirse fein mahlen, in die Gemüsebrühe streuen und etwa 5 Minuten kochen lassen.
3. Mit Kräutersalz und Muskatnuß würzen.
4. Den Kerbel waschen und klein schneiden, mit dem Joghurt verrühren und dann vorsichtig unter die Suppe ziehen.
5. Die Suppe heiß werden lassen, nicht mehr kochen und sofort servieren.

Zubereitungszeit: ca. 20 Minuten

Buchweizenklöße in Gemüsebrühe

- 100 g Buchweizen
- 1/4 l Milch
- 1 EL Butter
- 50 g geriebener Käse
- 1 l Gemüsebrühe
- 1 Bund Schnittlauch

1. Den Buchweizen fein mahlen.
2. Die Milch zusammen mit der Butter aufkochen.
3. Den Buchweizen mit Hilfe eines Schneebesens einrühren und 5 Minuten unter Rühren kochen, bis ein dicker Brei entstanden ist. Diesen bei geschlossenem Topf auf der ausgeschalteten Herdplatte noch etwa 15 Minuten nachquellen lassen.
4. Anschließend die Masse abkühlen lassen und danach den Käse unterziehen.
5. Mit feuchten Händen aus der Masse kleine Klößchen formen und diese in der siedenden Gemüsebrühe etwa 10 Minuten garen.
6. Den Schnittlauch waschen und fein schneiden. Die Suppe damit bestreuen.

Zubereitungszeit: ca. 20 Minuten (ohne Zeit zum Abkühlen und Quellen)

Süße Dinkelsuppe

- 100 g Dinkel
- 1/2 l Wasser
- 1 Stück Vanilleschote oder
- 1/2 TL gemahlene Vanille
- 1 TL Zimt
- 1 Msp. Delifrut
- 1 TL Honig
- 1 EL Mandelmus
- 1/2 l Milch
- 1 Banane
- Saft von einer halben Zitrone
- 3 bis 5 EL Mandelblättchen

1. Den Dinkel fein mahlen und mit Hilfe eines Schneebesens mit dem Wasser verrühren. Die Vanilleschote, den Zimt und das Delifrut hinzufügen und unter Rühren langsam zum Kochen bringen.
2. Anschließend die Herdplatte ausschalten, den Topf fest verschließen und das Dinkelmehl etwa 30 Minuten nachquellen lassen.
3. Die Vanilleschote herausnehmen und den Honig, das Mandelmus und die Milch mit Hilfe des Schneebesens unter den gequollenen Dinkel rühren.
4. Die Banane schälen, zerkleinern und schaumig schlagen. Danach unter die Suppe ziehen.
5. Die Suppe mit dem Zitronensaft abschmecken und mit den gehobelten Mandeln bestreuen.

Zubereitungszeit: ca. 25 Minuten
Zeit zum Quellen: ca. 30 Minuten

Béchamelsoße

40 g Weizen
1/8 l Milch
gut 1/8 l Gemüsebrühe
1 Lorbeerblatt
Zitronensaft
frisch gemahlener Pfeffer
1 EL Hefeflocken
1 EL Butter

1. Den Weizen fein mahlen. In einer Pfanne das Vollkornmehl trokken rösten, es muß aber noch hell bleiben, und abkühlen lassen.
2. Unter Rühren die Milch, die Gemüsebrühe und das Lorbeerblatt zugeben und etwa 5 Minuten lang auf kleiner Flamme köcheln lassen.
3. Das Lorbeerblatt entfernen, mit etwas Zitronensaft, Pfeffer und Hefeflocken würzen.
4. Ganz zum Schluß die Butter hinzufügen.

Zubereitungszeit: ca. 20 Minuten

Variationen

Sie können ganz nach Geschmack eine klein geschnittene Zwiebel mitdünsten oder die Soße mit Weißwein, Sahne, Ei oder Käse und Kümmel oder Meerrettich würzen.

Meerrettichsoße

2 bis 3 EL Weizen
1/2 l Gemüsebrühe
3 EL saure Sahne
2 EL Zitronensaft
1 kleines Stück frischer Meerrettich
1 kleiner Apfel
Kräutersalz
Paprika
einige Zweige Zitronenmelisse

1. Den Weizen fein mahlen und in einer trockenen Pfanne leicht rösten, das Mehl sollte aber nicht braun werden.
2. Etwas abkühlen lassen, dann mit der Gemüsebrühe verrühren und langsam zum Kochen bringen.
3. Die saure Sahne und den Zitronensaft unterziehen. Die Soße noch einmal aufkochen.
4. Den Meerrettich schälen, den Apfel waschen, das Kerngehäuse entfernen. Den Apfel und den Meerrettich fein reiben und dann zur Soße geben.
5. Die Soße mit den Gewürzen abschmecken, eventuell etwas fein gehackte Zitronenmelisse dazugeben.

Zubereitungszeit: ca. 20 Minuten

Mein Tip

Die Meerrettichsoße schmeckt gut zu Reis-, Hirse- oder einfachen Kartoffelgerichten.

Reissoße

2 bis 3 EL Reis
1/2 l Gemüsebrühe oder Wasser
1 Knoblauchzehe
1 TL Curry
1/4 TL gemahlene Muskatblüte
1/2 TL gemahlener Koriander
1 TL Basilikum
1/2 TL Thymian
2 EL Hefeflocken

1. Den Reis fein mahlen und in einer trockenen Pfanne ohne Fett anrösten. Dabei sollte das Reismehl nicht braun werden. Danach abkühlen lassen.
2. Das Reismehl mit der Gemüsebrühe verrühren, einmal aufkochen, anschließend auf kleiner Flamme 5 Minuten köcheln lassen.
3. Die Knoblauchzehe schälen, zerdrücken und zur Soße geben. Die Soße mit den Gewürzen und den Hefeflocken pikant abschmecken.

Zubereitungszeit: ca. 15 Minuten

Mein Tip

Die Soße paßt ausgezeichnet zu gedünstetem Gemüse und ist besonders für Getreideallergiker oder Zöliakiekranke gedacht.

Walnußsoße

30 g Weizen
50 g Walnüsse
1/4 l Gemüsebrühe
1 EL Butter
1 EL Hefeflocken
2 EL fein gehackte Petersilie

1. Den Weizen und die Walnüsse fein mahlen, in einer trockenen Pfanne rösten und etwas abkühlen lassen. Der Weizen und die Nüsse sollten jedoch nicht braun werden.
2. Mit der Gemüsebrühe verrühren und aufkochen lassen.
3. Die Butter unterziehen, die Hefeflocken gut unterrühren, nicht mehr kochen, und mit der gehackten Petersilie bestreuen.

Zubereitungszeit: ca. 15 Minuten

Mein Tip

Die Walnußsoße schmeckt gut zu gedünstetem Wurzelgemüse und zu Pellkartoffeln.

Farbtafel 5:
oben: Sonntagszopf
(Rezept Seite 90)
Mitte: Schweizer Ringbrot
(Rezept Seite 92)
unten: Leinsamenbrötchen
(Rezept Seite 88)

1 2 3 4 5 6 7 8 9
hawo's
Kornmühlen

Getreide als Hauptgericht

Weizengrütze mit Möhren-Lauch-Gemüse

5/8 l Wasser
1/2 TL Salz
1/2 bis 1 Gemüsebrühwürfel nach Geschmack
200 g Weizen
etwa 500 g Möhren
2 Stangen Lauch
3 EL Sonnenblumenöl
1/2 TL Salz
1/2 TL gemahlener Koriander
50 g Sonnenblumenkerne nach Geschmack

1. Das Wasser mit dem Salz und dem Gemüsebrühwürfel zum Kochen bringen.
2. Den Weizen grob schroten. Mit Hilfe eines Schneebesens in das kochende Wasser einrühren, den Topf schließen und das Getreide 5 Minuten auf kleiner Flamme köcheln lassen. Anschließend den geschlossenen Topf in eine Kochkiste stellen und dort etwa 60 bis 90 Minuten nachquellen lassen oder die Grütze über Dampf, wie auf S. 47 beschrieben, garen.

Farbtafel 6:
oben: Weizengrütze mit Möhren-Lauch-Gemüse (Rezept oben)
unten: Buchweizengrütze mit gratinierten Lauchstangen (Rezept Seite 76)

3. Die Möhren und den Lauch waschen und putzen. Den Lauch in dünne Ringe schneiden, die Möhren grob raspeln.
4. Das Öl in einer großen Pfanne oder im Wok erhitzen, zunächst die Lauchringe unter ständigem Rühren 3 Minuten garen, dann die Möhrenraspeln hinzufügen und weitere 3 Minuten unter Rühren garen. Den Deckel schließen und weitere 5 Minuten auf kleiner Flamme köcheln lassen. Eventuell vorher mit etwas Wasser ablöschen.
5. Mit den Gewürzen abschmekken, die Sonnenblumenkerne hinzufügen und die fertig gegarte Grütze unter das Gemüse ziehen.

Zubereitungszeit: ca. 25 Minuten
Zeit zum Quellen: mindestens 60 Minuten
(Farbtafel 6 links)

Roggengrütze

5/8 l Wasser
1/2 TL Salz
1 TL Kümmel
1 TL Koriander
1/2 bis 1 Gemüsebrühwürfel nach Geschmack
200 g Roggen
4 große Zwiebeln
50 g geklärte Butter
1 TL Curry

1. Das Wasser mit den Gewürzen und dem Gemüsebrühwürfel zum Kochen bringen.
2. Den Roggen mittelgrob bis grob schroten und mit Hilfe eines Schneebesens in die Flüssigkeit rühren, den Topf fest schließen und alles 5 Minuten auf kleiner Flamme köcheln lassen. Dann den Topf in die Kochkiste stellen und 90 Minuten nachquellen lassen, oder die Grütze, wie auf S. 46 beschrieben, über Dampf garen.
3. Die Zwiebeln schälen und in feine Ringe schneiden, in der geklärten Butter glasig dünsten und mit dem Curry überstäuben.
4. Die Roggengrütze mit einer Gabel etwas auflockern und die Zwiebeln darübergeben.

Zubereitungszeit: ca. 30 Minuten
Zeit zum Quellen: mindestens 90 Minuten

Polentatorte

Vorheizen des Backofens auf 200°C

250 g Mais
gut 1 l Gemüsebrühe
1 Becher Joghurt (150 g)
100 g geriebener Käse
1 TL Curry, frisch gemahlener Pfeffer
1 Bund Schnittlauch oder Kresse

1. Den Mais ganz nach Geschmack grob oder fein schroten und mit Hilfe eines Schneebesens in die kochende Gemüsebrühe einrühren.
2. Etwa 5 Minuten in dem geschlossenen Topf auf der abgeschalteten Herdplatte köcheln lassen. Dann den Topf in eine Kochkiste stellen und dort etwa 60 Minuten quellen lassen. Wenn keine Kochkiste vorhanden ist, lassen Sie den Mais 15 Minuten auf der abgeschalteten Herdplatte quellen, passen Sie aber auf, daß nichts anbrennt. Den Topf dann von der Platte nehmen und die Maisgrütze noch 15 bis 20 Minuten nachquellen lassen.
3. Den Joghurt und den Käse unterrühren und die Maisgrütze mit Curry und Pfeffer abschmecken.
4. Den Teig in eine gefettete Springform von etwa 26 cm Durchmesser füllen und glattstreichen. Auf der mittleren Schiene im Backofen bei 200°C 20 Minuten backen.
5. Vor dem Servieren mit dem fein geschnittenen Schnittlauch oder der Kresse bestreuen.

Zubereitungszeit: ca. 40 Minuten
Zeit zum Quellen: ca. 60 Minuten

Gerstengrütze mit grünen Bohnen

$^5/_8$ l Wasser, $^1/_2$ TL Salz
200 g Gerste
1 Zwiebel
2 EL Sonnenblumenöl
etwa 700 g grüne Bohnen
etwas Bohnenkraut
etwas Wasser
300 g Tomaten
1 Knoblauchzehe
1 TL Basilikum
frisch gemahlener Pfeffer
Gomasio (Sesam-Salz-Paste)
1 Bund Petersilie

1. Das Wasser mit dem Salz zum Kochen bringen.
2. Die Gerste grob schroten. Mit Hilfe eines Schneebesens in das kochende Wasser einrühren, den Topf schließen und 5 Minuten auf kleiner Flamme köcheln lassen. Anschließend den geschlossenen Topf in eine Kochkiste stellen und dort etwa 60 bis 90 Minuten nachquellen lassen oder die Grütze über Dampf, wie auf S. 46 beschrieben, garen.
3. Die Zwiebel schälen, fein würfeln und in dem Öl glasig dünsten.
4. Die Bohnen waschen, putzen, einmal durchbrechen und zusammen mit dem Bohnenkraut zu den Zwiebeln geben.
5. Kurz andünsten, mit etwas Wasser ablöschen und etwa 15 Minuten auf kleiner Flamme köcheln lassen.
6. Die Tomaten waschen und in Scheiben schneiden. Zu den Bohnen geben und das Gemüse weitere 15 bis 20 Minuten köcheln lassen.
7. Danach mit der zerdrückten Knoblauchzehe, Basilikum, Pfeffer und Gomasio abschmecken. Das Bohnenkraut entfernen.
8. Die fertig gegarte Grütze unter das Bohnengemüse ziehen und das Gericht mit gehackter Petersilie bestreut servieren.

Zubereitungszeit: ca. 60 Minuten
Zeit zum Quellen: mindestens 60 Minuten

Variation

Gerstengrütze schmeckt auch sehr gut in der süßen Variante. Man würzt sie dann mit Honig und gemahlener Vanille, mischt Rosinen und Orangenspalten darunter und übergießt sie mit etwas Milch oder Sahne.

Buchweizengrütze mit gratinierten Lauchstangen

Vorheizen des Backofens auf 200°C

250 g Buchweizen
5/8 l Wasser
1 TL Salz
1 kg Lauch
2 EL Sonnenblumenöl
1/2 Gemüsebrühwürfel
1 TL Curry
1/2 TL Koriander
1 TL Oregano
frisch gemahlener Pfeffer
Kräutersalz
40 g Parmesankäse
50 g Emmentaler Käse
100 bis 150 g Sahne
50 g Butter
4 EL Hefeflocken

1. Den Buchweizen grob schroten und mit Hilfe eines Schneebesens in das kochende Salzwasser rühren. Etwa 5 Minuten auf der ausgeschalteten Herdplatte köcheln lassen. Dabei den Topf einen Spalt offen lassen, damit die Grütze nicht überkocht.
2. Anschließend den Deckel schließen und die Grütze für 30 Minuten zum Nachquellen entweder in eine Kochkiste oder an einen warmen Ort stellen.
3. In der Zwischenzeit den Lauch waschen und putzen. Jede Stange der Länge nach halbieren.
4. In dem Öl kurz andünsten, mit etwas Wasser ablöschen, den Gemüsebrühwürfel hinzufügen und auf kleiner Flamme in etwa 20 Minuten weich dünsten. Dann mit den Gewürzen abschmecken.
5. Anschließend die Lauchstangen in eine gefettete Auflaufform geben. Den geriebenen Käse mit der Sahne vermischen und darübergießen. Die Lauchstangen bei 200°C auf der mittleren Leiste im vorgeheizten Backofen etwa 10 Minuten gratinieren lassen.
6. In einer großen Pfanne die Hälfte der Butter erhitzen. Die Hälfte der Buchweizengrütze hineingeben und braten. Dabei mit dem Kochlöffel dauernd zerstoßen und wenden. Zwischendurch 2 Eßlöffel Hefeflokken darüberstreuen. Die Grütze so lange braten und wenden, bis sie in kleine Stücke zerfallen ist, ähnlich wie beim Kaiserschmarrn, und warm stellen. Mit der zweiten Hälfte der Buchweizengrütze genauso verfahren. Die Grütze zu den gratinierten Lauchstangen servieren.

Zubereitungszeit: ca. 60 Minuten
Zeit zum Quellen: ca. 30 Minuten
(Farbtafel 6)

Haferbacklinge

250 g Hafer
1 Stange Lauch
50 g Käse
4 EL Sonnenblumenöl
1 TL Curry
2 EL Oregano
1/2 TL Salbei
1 TL Meersalz
knapp 1/4 l lauwarmes Wasser
etwa 40 g gehobelte Mandeln

1. Den Hafer mittelfein schroten. Den Lauch waschen, putzen, halbieren und in hauchdünne Ringe schneiden.
2. Die Lauchringe zusammen mit dem geriebenen Käse, dem Sonnenblumenöl und den Gewürzen sowie dem lauwarmen Wasser zum Haferschrot geben, alles gut miteinander verrühren und etwa eine halbe Stunde quellen lassen. In dieser Zeit wird der Teig wesentlich fester.
3. Danach mit feuchten oder leicht eingeölten Händen 8 flache Backlinge formen und diese auf ein gefettetes Backblech setzen.
4. Das Blech auf die mittlere Leiste in den kalten Backofen schieben und bei 220°C etwa 30 bis 35 Minuten backen. 10 Minuten vor Ende der Backzeit die gehobelten Mandeln darüberstreuen und leicht andrücken.

Zubereitungszeit: ca. 55 Minuten
Zeit zum Quellen: ca. 30 Minuten
(Farbtafel 3)

Grünkernfrikadellen

1/2 l Wasser, 1 Gemüsebrühwürfel
50 g ganzer Grünkern
80 g grob geschroteter Grünkern
1 Ei, 40 g Walnüsse
50 g geriebener Käse
1 kleine Zwiebel
1 Bund Petersilie, 1 TL Majoran
Kräutersalz
frisch gemahlener Pfeffer
Vollkornbrösel, geklärte Butter

1. Das Wasser zusammen mit dem Gemüsebrühwürfel in einem Topf zum Kochen bringen.
2. Den ganzen Grünkern einrühren und etwa 10 Minuten auf kleiner Flamme köcheln lassen.
3. Anschließend den grob geschroteten Grünkern unter Rühren dazugeben, den Topf fest verschließen und den Grünkern auf kleiner Flamme etwa 20 Minuten ausquellen lassen, jedoch aufpassen, daß die Masse nicht anbrennt.
4. Unter die abgekühlte Masse das Ei, die grob gehackten Walnüsse, den Käse und die fein gewürfelte Zwiebel mengen. Kräftig mit der fein gehackten Petersilie und den Gewürzen abschmecken. Falls der Teig zu dünn ist, Vollkornbrösel darunter mischen.
5. 4 bis 8 Frikadellen formen und diese in geklärter Butter in einer Pfanne knusprig braun braten. Unbedingt darauf achten, daß die Frikadellen nicht zu früh gewendet werden, da sie sonst zerfallen.

Zubereitungszeit: ca. 50 Minuten

Buchweizennudeln mit Käsesoße

Nudeln:

300 g Buchweizen
100 g Hartweizen
1 Ei
3 EL Sonnenblumenöl
120 bis 150 ml lauwarmes Wasser
1/2 TL Salz

Käsesoße:

40 g Weizen
1/4 l Milch
1/4 l Gemüsebrühe oder Wasser
1 Lorbeerblatt
100 g geriebener Käse nach Geschmack
z. B. Emmentaler oder Gruyere
Meersalz
frisch gemahlener Pfeffer
etwas Zitronensaft
3 EL Hefeflocken

Zum Kochen der Nudeln:

2 l Wasser
Salz
1 EL Öl

1. Den Buchweizen und den Hartweizen fein mahlen, auf eine Arbeitsfläche geben und in der Mitte eine Mulde drücken.
2. Da hinein das Ei, das Sonnenblumenöl, das Wasser und das Salz geben und alle Zutaten so lange miteinander verkneten, bis ein glatter elastischer Teig entstanden ist, der nicht mehr klebt.
3. Den Teig zu einer Kugel formen, in eine Schüssel legen und mit einem feuchten Tuch bedeckt mindestens eine Stunde ruhen lassen.
4. Anschließend den Teig so dünn wie möglich ausrollen, die einzelnen Teigplatten leicht antrocknen lassen (etwa 15 Minuten) und dann je nach Belieben in Streifen oder Quadrate schneiden.
5. In der Zwischenzeit den Weizen fein mahlen und in einer trockenen Pfanne rösten, bis das Mehl anfängt zu duften. Es sollte dabei aber noch hell bleiben. Danach leicht abkühlen lassen.
6. Unter Rühren die Milch, die Gemüsebrühe und das Lorbeerblatt zugeben und etwa 5 Minuten köcheln lassen. Das Lorbeerblatt entfernen.
7. Den geriebenen Käse hineingeben und die Soße mit Salz, Pfeffer, Zitronensaft und den Hefeflocken abschmecken.
8. Die Nudeln in kochendem Salzwasser mit einem Eßlöffel Öl etwa 5 Minuten kochen. Sie sollten nicht zu weich werden, sondern noch »Biß« haben.
9. Danach durch ein Sieb abgießen und sofort mit der Soße servieren.

Zubereitungszeit: ca. 35 Minuten
Zeit zum Ruhen: mindestens 75 Minuten

Gerstenpfanne

200 g Gerste
1/2 l Wasser
1 Gemüsebrühwürfel
3 EL Butter oder Öl
1 Zwiebel
2 Stangen Lauch
2 rote Paprikaschoten
200 g Champignons
1/2 Tasse Gemüsebrühe
1 TL Basilikum
1/2 TL Oregano
1 Prise Rosmarin
1 Prise Thymian
Curry
Delikata
frisch gemahlener Pfeffer
Salz
nach Geschmack 150 g saure Sahne
und 50 bis 100 g geriebener Käse

1. Die Gerstenkörner waschen und dann über Nacht in dem Wasser einweichen.
2. Am nächsten Tag zusammen mit dem Einweichwasser und dem Gemüsebrühwürfel zum Kochen bringen und bei geschlossenem Topf auf kleiner Flamme in 45 bis 60 Minuten weich kochen.
3. Die Herdplatte ausschalten und die Gerste noch weitere 60 Minuten nachquellen lassen, oder den Topf zum Nachquellen in eine Kochkiste stellen.
4. In der Zwischenzeit das Gemüse waschen und putzen. Die Zwiebel in feine Würfel, den Lauch in dünne Ringe, die Paprikaschoten in Streifen und die Champignons in dünne Scheiben schneiden.
5. Die Zwiebelwürfel in der zerlassenen Butter glasig dünsten. Nacheinander die Lauchringe, die Paprikastreifen und die Champignons hinzufügen.
6. Die Gemüsebrühe angießen und die getrockneten Kräuter hinzufügen. Das Gemüse etwa 10 bis 15 Minuten dünsten.
7. Eventuell noch vorhandenes überschüssiges Kochwasser der Gerste abgießen und die Körner zum Gemüse geben.
8. Das Gericht mit Curry, Delikata, einer Prise Salz und Pfeffer würzen. Ganz nach Geschmack die saure Sahne unterziehen und den geriebenen Käse darüberstreuen.

Zubereitungszeit: ca. 100 Minuten
Zeit zum Einweichen: ca. 8 Stunden
Zeit zum Quellen: mindestens 1 Stunde

Nudelauflauf

Vorheizen des Backofens auf 220°C

- 500 g Vollkornnudeln (siehe Grundrezept Seite 48)
- 100 g geriebener Emmentaler Käse
- 500 bis 700 g Gemüse (Tomaten, Zucchini, Lauch, Kohl u. a.)
- 3 EL Butter
- frisch gemahlener Pfeffer
- Gewürze je nach Gemüse
- 250 g saure Sahne
- 4 Eier
- 100 g Emmentaler Käse
- 20 g Butter
- 1 Bund Petersilie

1. Die Nudeln nach dem Grundrezept Seite 49 kochen.
2. Die Hälfte der Nudeln in eine gefettete Auflaufform geben und mit 50 g geriebenem Käse bestreuen. Das Gemüse putzen, klein schneiden und in etwas Butter andünsten. Mit verschiedenen Gewürzen abschmecken. Dann auf den Nudeln verteilen. (Sollten Sie Tomaten verwenden, werden diese nicht mitgedünstet, sondern nur in Scheiben geschnitten und auf die Sahne-Eier-Schicht gelegt.)
3. Die restlichen Nudeln über das Gemüse geben und mit dem restlichen geriebenen Käse bestreuen.
4. Die Sahne mit den Eiern verquirlen und die Nudeln gleichmäßig damit übergießen. (Jetzt eventuell Tomatenscheiben darauflegen.)
5. Den Emmentaler Käse in Scheiben schneiden und gitterartig auf den Auflauf legen.
6. Zum Schluß die Butter in Flöckchen daraufsetzen. Den Auflauf bei 220°C etwa 30 Minuten überbacken.
7. Vor dem Servieren mit reichlich gehackter Petersilie bestreuen.

Zubereitungszeit: ca. 30 Minuten
Backzeit: ca. 30 Minuten
(Farbtafel 3)

Rotes Hirsotto

Hirse:

- 1 kleine Zwiebel
- 40 g Butter oder 2 EL Öl
- 250 g Hirse
- etwa 1/4 l Wasser
- 3/8 l Tomatensaft
- 1 Gemüsebrühwürfel

Gemüse:

- 1 Zwiebel
- 250 g Staudensellerie
- 250 g Möhren
- 40 g Butter
- 4 Tomaten
- 125 g Sahne
- Kräutersalz
- Pfeffer
- geriebener Käse nach Geschmack

1. Die Zwiebel schälen, in feine Würfel schneiden und in der Butter oder dem Öl glasig dünsten.
2. Die Hirse waschen und hinzufügen, mit dem Wasser und dem Tomatensaft auffüllen und mit dem Gemüsebrühwürfel würzen. Die Hirse auf kleiner Flamme bei geschlossenem Topf etwa 20 Minuten garen.

3. In der Zwischenzeit das Gemüse waschen, putzen und in feine Würfel schneiden.
4. Die Zwiebel, den Staudensellerie und die Möhren in der Butter andünsten, mit der Sahne ablöschen und etwa 20 Minuten auf kleiner Flamme garen. In den letzten 10 Minuten die Tomaten hinzufügen.
5. Das Gemüse mit Kräutersalz und Pfeffer abschmecken, nach Geschmack den Käse darüberstreuen und anschließend zur gekochten Hirse servieren.

Zubereitungszeit: ca. 70 Minuten
(auf dem Titelfoto)

Sellerieauflauf

- 150 g Gerste
- 150 g Grünkern
- 600 ml Wasser
- 1 TL Thymian
- 1 TL Oregano
- 1 Gemüsebrühwürfel
- 350 g Sellerie (geputzt gewogen)
- 150 g Möhren
- 2 Eigelb
- 100 g Sahne
- 50 g geriebener Käse
- 1 TL Delikata
- 1 TL Majoran
- 2 Eiweiß
- einige Zweige gemischte Kräuter oder nur Petersilie

1. Die Gerste und den Grünkern waschen und in dem Wasser über Nacht einweichen.
2. Am nächsten Tag mit dem Einweichwasser, dem Thymian, dem Oregano und dem Gemüsebrühwürfel zum Kochen bringen und etwa 30 bis 40 Minuten auf kleiner Flamme köcheln lassen. Anschließend in einer Kochkiste (oder auf der abgeschalteten Herdplatte) eine Stunde nachquellen lassen.
3. Die Sellerie und die Möhren waschen, putzen und eventuell schälen. Fein raspeln und unter die gegarten Getreidekörner mengen.
4. Die Eigelbe mit der Sahne, dem Käse und den Gewürzen verrühren. Die Eiweiße steif schlagen, die Kräuter waschen und fein schneiden. Die Kräuter unter die Eiweiße ziehen und die Masse vorsichtig unter die Getreide-Gemüse-Mischung heben.
5. Die Auflaufmasse in eine gefettete Form füllen und bei 200°C auf der mittleren Leiste etwa 30 Minuten backen.

Zubereitungszeit: ca. 90 Minuten
Zeit zum Quellen: ca. 9 Stunden

Getreidenachspeisen

Gerstencreme

80 g Gerste
60 g getrocknete Datteln
1/2 l Wasser
Anis
Fenchel
Zimt
Saft und Schale von einer halben unbehandelten Zitrone
1 Becher Joghurt (150 g)

1. Die Gerste mittelfein mahlen.
2. Die Datteln vom Kern befreien, klein schneiden und zusammen mit dem Wasser langsam aufkochen. Die geschrotete Gerste mit Hilfe eines Schneebesens langsam einrühren und etwa 5 Minuten köcheln lassen.
3. Anschließend auf der abgeschalteten Herdplatte oder in der Kochkiste mindestens 20 Minuten nachquellen lassen.
4. Mit den Gewürzen und mit dem Zitronensaft und der Zitronenschale abschmecken, abkühlen lassen und den Joghurt unterziehen. Ganz nach Geschmack so oder mit frischen Früchten servieren.

Zubereitungszeit: ca. 20 Minuten
Zeit zum Quellen: mindestens 20 Minuten
(Farbtafel 4)

Apfel-Nuß-Auflauf mit Hafer

Vorheizen des Backofens auf 200°C

150 g Haferflocken (möglichst selbst gequetscht) oder grob geschroteter Hafer
1/8 l Milch
150 g Quark
150 g Joghurt
2 EL Butter
3 EL Honig
1/2 TL gemahlene Vanille
Schale von 1/2 unbehandelten Zitrone
4 große Äpfel
50 g gemahlene Haselnüsse

1. Die Haferflocken kurz in der Milch einweichen.
2. Den Quark mit dem Joghurt, der weichen Butter und dem Honig verrühren und mit der Vanille und der Zitronenschale würzen.
3. Die Äpfel waschen, vom Kerngehäuse befreien und grob raspeln. Die Haselnüsse fein mahlen.
4. Die Quarkmasse, die geraspelten Äpfel und die gemahlenen Nüsse mit den Haferflocken vermischen.
5. Die Masse in eine gefettete Auflaufform geben. Auf der mittleren Leiste bei 200°C etwa 25 bis 35 Minuten im vorgeheizten Backofen backen.

Zubereitungszeit: ca. 30 Minuten
Backzeit: ca. 35 Minuten

Rohrnudeln

Vorheizen des Backofens auf 200°C

400 g Dinkel oder Weizen
1 Prise Salz
1 TL gemahlene Vanille
4 EL Honig
1 EL Butter
1/2 Würfel Hefe (ca. 20 g)
etwa 1/2 l lauwarme Milch
1/2 TL Zimt

1. Den Dinkel oder den Weizen fein mahlen und mit dem Salz und einem halben Teelöffel Vanille mischen. Die Hälfte des Honigs und die Butter hinzufügen.
2. Die Hefe in etwa 0,2 Liter lauwarmer Milch klümpchenfrei auflösen. Zum Vollkornmehl gießen und alle Zutaten so lange zu einem weichen Teig kneten, bis dieser sich leicht vom Schüsselboden löst und nicht mehr klebt.
3. Den Teig zur Kugel formen und zugedeckt an einem warmen Ort etwa eine Stunde gehen lassen, bis sich sein Volumen deutlich vergrößert hat.
4. Danach den Teig noch einmal gut durchkneten und zu 12 bis 16 kleinen Bällchen formen. Diese mit einem kleinen Abstand in eine gefettete Auflaufform setzen und an einem warmen Ort noch einmal 15 Minuten gehen lassen.
5. 1/4 Liter Milch leicht erwärmen, 2 Eßlöffel Honig darin auflösen und mit einem halben Teelöffel Vanille und dem Zimt würzen. Die Milch über die Rohrnudeln gießen.
6. Auf die mittlere Leiste in den Backofen schieben und bei 200°C etwa 35 bis 40 Minuten backen, die Milch sollte vollständig aufgesogen und die Rohrnudeln goldbraun gebacken sein.

Zubereitungszeit: ca. 35 Minuten
Zeit zum Gehen: ca. 75 Minuten
Backzeit: ca. 40 Minuten
(Farbtafel 4)

Mein Tip

Die Rohrnudeln warm servieren. Sie sind ein süßes Hauptgericht für 4 Personen oder ein Dessert für 6 bis 8 Personen. Dazu gibt es frisches Obst oder einen Obstsalat entsprechend der Jahreszeit.

Reis mit Früchten

1 getrocknete Feige
1 getrocknete Dattel
2 getrocknete Pflaumen
50 g ungeschwefelte Rosinen
1/2 l Wasser
150 g Rundkornreis
1 bis 2 Bananen
frische Früchte nach Geschmack

1. Die Feige, die entkernte Dattel und die Pflaumen in kleine Stücke schneiden, zusammen mit den gut gewaschenen Rosinen in das Wasser geben und langsam zum Kochen bringen.
2. Den gewaschenen Reis hineinstreuen und 40 bis 45 Minuten auf kleiner Flamme ausquellen lassen.
3. Die Bananen schälen, zerdrükken und schaumig schlagen, dann unter den abgekühlten Reis ziehen.
4. Ganz nach Geschmack mit frischen Früchten der jeweiligen Jahreszeit entsprechend garnieren.

Zubereitungszeit: ca. 60 Minuten (ohne Zeit zum Abkühlen)

Hefepfannkuchen

100 g Dinkel
oder 50 g Dinkel und 50 g Weizen
10 g Hefe
etwa 100 ml lauwarmes Wasser
1 Eigelb
1 EL Sonnenblumenöl
1 EL Honig
1 Eiweiß
geklärte Butter oder Pflanzenöl

1. Den Dinkel fein mahlen.
2. Die Hefe in dem lauwarmen Wasser auflösen und zusammen mit dem Eigelb, dem Sonnenblumenöl und dem Honig zum Vollkornmehl geben.
3. Alle Zutaten zu einem glatten, nicht festen Teig verrühren und diesen zugedeckt an einem warmen Ort etwa eine Stunde gehen lassen.
4. Danach noch einmal gut durchrühren und das steif geschlagene Eiweiß unterheben.
5. Nacheinander in einer Pfanne etwas geklärte Butter oder Öl erhitzen und 4 dünne Pfannkuchen backen.

Zubereitungszeit: ca. 30 Minuten
Zeit zum Gehen: ca. 60 Minuten

Mein Tip

Die Pfannkuchen mit leicht gesüßtem Quark oder Joghurt bestreichen, nach Geschmack aufrollen und zu frischem Obst der jeweiligen Jahreszeit servieren.

Reiscreme

1/2 l Wasser
1 Msp. Salz
100 g Reis
1/4 TL gemahlene Vanille
50 g Honig
30 g ungeschwefelte Rosinen oder andere klein geschnittene Trockenfrüchte
100 g Sahne
frisches Obst der jeweiligen Jahreszeit und etwas steif geschlagene Sahne zum Garnieren

1. Das Wasser mit dem Salz zum Kochen bringen.
2. Den Reis fein mahlen und mit Hilfe eines Schneebesens in das Wasser rühren. Die Vanille, den Honig und die gut gewaschenen Rosinen hinzufügen und alles auf der abgeschalteten Herdplatte etwa 10 bis 15 Minuten ausquellen lassen.
3. Etwas abkühlen lassen, die steif geschlagene Sahne unterziehen und in eine Schüssel füllen.
4. Ganz nach Geschmack vor dem Servieren mit frischen Früchten und einigen Sahnetupfern garnieren.

Zubereitungszeit: ca. 25 Minuten (ohne Zeit zum Auskühlen)

Hirsecreme

50 g getrocknete Pflaumen
20 g ungeschwefelte Rosinen
1/4 l Wasser
1/4 l Apfelsaft
70 g Hirse
1 EL Honig nach Geschmack
1/4 TL gemahlene Nelken
1 TL Zimt
etwas abgeriebene Schale von einer unbehandelten Zitrone
100 g Sahne

1. Die getrockneten Pflaumen in kleine Stücke schneiden und zusammen mit den Rosinen knapp mit Wasser bedeckt für ein bis drei Stunden einweichen.
2. Den Apfelsaft und das Wasser erhitzen. Die Hirse fein mahlen und mit Hilfe eines Schneebesens einrühren. Die Creme zum Kochen bringen und anschließend etwa 10 Minuten auf der ausgeschalteten Herdplatte ausquellen lassen.
3. Danach die Trockenfrüchte mitsamt dem Einweichwasser unterrühren, mit Zimt, Nelken und der Zitronenschale würzen, in eine Glasschüssel füllen und erkalten lassen.
4. Die Sahne steif schlagen und unter die Creme ziehen.

Zubereitungszeit: ca. 30 Minuten (ohne Zeit zum Abkühlen)
Zeit zum Einweichen: mindestens 60 Minuten

Kokospudding mit Orangen

- 3/8 l Milch
- 50 g Weizen, 80 g Honig
- 70 g Kokosraspeln
- Schale von einer halben unbehandelten Orange
- Saft von einer Orange
- Orangen- oder Mandarinenscheiben zum Garnieren

1. Die Milch zum Kochen bringen.
2. Den Weizen fein mahlen und mit Hilfe eines Schneebesens einrühren, den Honig hinzufügen und alles noch einmal aufkochen lassen.
3. Die Kokosraspeln und die fein geriebene Orangenschale unterrühren, den Topf schließen und dann den Pudding etwa 10 bis 15 Minuten auf der ausgeschalteten Herdplatte nachquellen lassen.
4. Danach den Orangensaft unterrühren, den Pudding in eine Glasschüssel füllen und abkühlen lassen.
5. Vor dem Servieren mit den Orangenscheiben garnieren.

Zubereitungszeit: ca. 30 Minuten (ohne Zeit zum Abkühlen)
(Farbtafel 4)

Mandelpudding

- 2 Eier
- 2 bis 3 EL Honig
- 1/2 l Milch
- 50 g Gerste
- 50 g Mandeln
- einige halbierte geschälte Mandeln zum Garnieren

1. Die Eier trennen und die Eigelbe mit dem Honig verquirlen.
2. Die Milch in einen Topf geben und zum Kochen bringen.
3. Die Gerste und die Mandeln fein mahlen und beides mit Hilfe eines Schneebesens in die kochende Milch rühren, aufkochen lassen.
4. Danach den Topf von der Herdplatte nehmen, die Eigelb-Honig-Mischung einrühren und den Pudding noch 5 bis 10 Minuten auf der ausgeschalteten Herdplatte nachquellen lassen.
5. Die Eigelbe zu steifem Schnee schlagen und unter die Puddingmasse heben. In eine Glasschüssel füllen und erkalten lassen.

Zubereitungszeit: ca. 25 Minuten (ohne Zeit zum Abkühlen)

Brote und Brötchen

Sonnenblumenkernbrötchen

Für ca. 22 Brötchen

900 g Dinkel
200 g Sonnenblumenkerne
1 TL Salz
3 EL Sonnenblumenöl
1/2 l Milch
1 Würfel Hefe (42 g)
1 TL Honig
50 bis 100 ml lauwarmes Wasser
100 g Sonnenblumenkerne

zum Bestreichen:

lauwarme Milch

1. Den Dinkel sehr fein mahlen. 100 Gramm Sonnenblumenkerne in einer Nußmühle mahlen oder in einer Flockenmühle quetschen. Zusammen mit dem Salz und dem Sonnenblumenöl zum Dinkelmehl geben.
2. Die Hefe in der lauwarmen Milch auflösen und den Honig darin verrühren. Zusammen mit dem Wasser zum Mehl gießen und alle Zutaten etwa 5 bis 10 Minuten lang zu einem weichen elastischen Teig verkneten, der nicht mehr kleben sollte.
3. Den Teig zu einer Kugel formen und zugedeckt an einem warmen Ort etwa eine Stunde gehen lassen, bis sich das Volumen etwa verdoppelt hat.
4. Danach den Teig noch einmal gut durchkneten, dabei die restlichen Sonnenblumenkerne untermengen.
5. Aus dem Teig 20 bis 24 Brötchen formen, diese auf ein gefettetes Backblech geben und an einem warmen Ort noch einmal 10 bis 15 Minuten gehen lassen. Eventuell mit der lauwarmen Milch bestreichen.
6. Auf die mittlere Leiste in den kalten Backofen schieben und dann bei 200°C etwa 30 bis 35 Minuten backen.
7. Anschließend auf einem Kuchengitter auskühlen lassen.

Zubereitungszeit: ca. 35 Minuten
Zeit zum Gehen: ca. 75 Minuten
Backzeit: ca. 35 Minuten

Leinsamenbrötchen

Für ca. 22 Brötchen

450 g Weizen
450 g Dinkel
100 g Leinsamen
1 TL Salz
1/2 TL gemahlener Koriander
150 g Joghurt
1 Würfel Hefe (42 g)
etwa 450 bis 500 ml
lauwarmes Wasser

1. Den Weizen und den Dinkel fein mahlen. Je nach Getreidemühle den Leinsamen mit dem Getreide vermischen und mitmahlen oder den Leinsamen alleine quetschen (entweder in einer Ölmühle oder in einer Flockenquetsche).
2. Das Vollkornmehl mit den Gewürzen vermischen und den zimmerwarmen Joghurt hinzufügen.
3. Die Hefe in dem lauwarmen Wasser auflösen und dazugießen. Alle Zutaten etwa 5 bis 10 Minuten lang zu einem weichen, elastischen Teig verkneten, der nicht mehr kleben sollte.
4. Den Teig zu einer Kugel formen und zugedeckt an einem warmen Ort etwa eine Stunde gehen lassen, bis sich sein Volumen nahezu verdoppelt hat.
5. Danach den Teig noch einmal kräftig durchkneten und daraus 20 bis 24 längliche Brötchen formen. Diese auf ein eingefettetes Backblech setzen und noch einmal 10 Minuten an einem warmen Ort gehen lassen.
6. Das Blech auf die mittlere Leiste in den kalten Backofen schieben und bei 220°C etwa 30 bis 35 Minuten goldbraun backen.
7. Die Brötchen danach auf einem Kuchengitter auskühlen lassen.

Zubereitungszeit: ca. 25 Minuten
Zeit zum Gehen: ca. 70 Minuten
Backzeit: ca. 35 Minuten
(Farbtafel 5)

Pikante Kümmelbrötchen

Für ca. 22 Brötchen

350 g Weizen
350 g Dinkel
300 g Roggen
1 TL Meersalz
2 TL gemahlener Kümmel
2 TL ganzer Kümmel
1 Würfel Hefe (42 g)
etwa 100 ml lauwarmes Wasser
1/2 l Buttermilch

1. Das Getreide fein bis mittelfein mahlen und mit dem Salz und den ganzen und gemahlenen Kümmelkörnern vermischen.
2. Die Hefe in dem lauwarmen Wasser auflösen und zusammen mit der Buttermilch zum Mehl gießen. Anschließend alle Zutaten etwa 5 bis 10 Minuten lang zu einem glatten elastischen Teig verkneten, der nicht mehr kleben sollte.
3. Den Teig zu einer Kugel formen und zugedeckt an einem warmen Ort etwa eine Stunde gehen lassen,

bis sich das Volumen nahezu verdoppelt hat.

4. Danach den Teig noch einmal gut durchkneten und zu 20 bis 24 Brötchen formen. Diese auf ein gefettetes Backblech setzen und an einem warmen Ort 10 bis 15 Minuten gehen lassen.

5. Das Blech auf die mittlere Leiste in den kalten Backofen schieben und bei 220°C etwa 30 bis 35 Minuten backen.

6. Anschließend auf einem Kuchengitter auskühlen lassen.

Zubereitungszeit: ca. 35 Minuten
Zeit zum Gehen: ca. 75 Minuten
Backzeit: ca. 35 Minuten

Würzige Buchteln

Für 16 Buchteln

500 g Weizen
1 TL Salz
2 TL Paprikapulver
1 TL Kümmel
2 TL Majoran
4 TL Mohn
4 TL Sesam
1 Würfel Hefe (42 g)
etwa 250 ml lauwarmes Wasser
16 entsteinte schwarze Oliven

zum Bestreuen:

2 TL Sesam
2 TL Mohn
4 TL Kümmel

1. Den Weizen fein mahlen und mit den Gewürzen, dem Mohn und dem Sesam mischen.

2. Die Hefe in der lauwarmen Milch auflösen und zum Vollkornmehl gießen. Alle Zutaten zu einem glatten, nicht zu festen Teig kneten, der sich gut von der Schüssel löst und nicht mehr kleben sollte.

3. Anschließend den Teig zu einer Kugel formen und zugedeckt an einem warmen Ort etwa eine Stunde gehen lassen, bis sich sein Volumen etwa verdoppelt hat.

4. Danach noch einmal gut durchkneten. Den Teig in 16 Stücke teilen. Jedes zu einer Kugel formen und in die Mitte eine Olive stecken.

5. Die Buchteln nebeneinander in eine gefettete Springform setzen und mit Sesam, Mohn und Kümmel bestreuen. An einem warmen Ort noch einmal 10 Minuten gehen lassen.

6. Anschließend auf die mittlere Leiste in den kalten Backofen schieben und bei 220°C etwa 30 bis 35 Minuten backen.

7. Die Buchteln auf einem Kuchengitter auskühlen lassen und am besten frisch servieren.

Zubereitungszeit: ca. 30 Minuten
Zeit zum Gehen: ca. 70 Minuten
Backzeit: ca. 35 Minuten

Sonntagszopf

Für einen Zopf

750 g Dinkel oder Weizen
1 Prise Salz
1/4 TL gemahlene Vanille
abgeriebene Schale von einer halben unbehandelten Zitrone
1 Ei
150 g Butter
100 g Honig
1 Würfel Hefe (42 g)
250 bis 300 ml lauwarme Milch
70 g gemahlene Mandeln

zum Bestreichen:
lauwarme Milch

1. Den Dinkel fein mahlen und mit dem Salz, der Vanille und der Zitronenschale mischen.
2. Das Ei, die weiche Butter und den Honig zum Mehl geben.
3. Die Hefe in der lauwarmen Milch auflösen und dazugießen. Alle Zutaten etwa 5 bis 10 Minuten lang zu einem weichen, glatten Teig kneten, der nicht mehr kleben sollte und sich gut von der Schüssel löst.
4. Den Teig zu einer Kugel formen und zugedeckt an einem warmen Ort etwa eine Stunde gehen lassen, bis sich das Volumen nahezu verdoppelt hat.
5. Danach den Teig noch einmal gut durchkneten und dabei die gemahlenen Mandeln untermengen.
6. Den Teig in drei Stücke teilen, diese zu Strängen von etwa 35 cm Länge formen und zu einem Zopf flechten.
7. Den Zopf auf ein gefettetes Backblech geben, vorsichtig mit der lauwarmen Milch bestreichen und anschließend an einem warmen Ort noch einmal etwa 10 Minuten gehen lassen.
8. Anschließend das Blech auf die mittlere Leiste in den kalten Backofen schieben und den Zopf bei 200°C etwa 40 bis 45 Minuten backen.

Zubereitungszeit: ca. 30 Minuten
Zeit zum Gehen: ca. 70 Minuten
Backzeit: ca. 45 Minuten
(Farbtafel 5)

Dinkelschrotbrot

Für etwa 2 Brote

2 kg Dinkel
1 l Wasser
2 TL Salz
2 Würfel Hefe (ca. 84 g)
1/4 l Milch

1. Ein Kilogramm Dinkel mittelgrob schroten. Das lauwarme Wasser dazugießen und mit Hilfe eines Holzlöffels zu einem weichen Brei verrühren. Diesen mit einem feuchten Tuch abdecken und bei Zimmertemperatur mindestens fünf Stunden – besser noch über Nacht – stehenlassen.
2. Am nächsten Tag das zweite Kilogramm Dinkel fein mahlen, mit dem Salz vermischen und zum gequollenen Dinkelschrot geben.

3. Die Hefe in der lauwarmen Milch auflösen und dazugießen. Alle Zutaten gründlich zu einem weichen Teig verkneten, der sich gut von der Schüssel löst und nicht mehr kleben sollte.
4. Den Teig zu einer Kugel formen und zugedeckt an einem warmen Ort etwa eine Stunde gehen lassen, bis sich das Volumen nahezu verdoppelt hat.
5. Danach den Teig noch einmal gut durchkneten und in 2 oder 3 gefettete Backformen füllen. Dabei sollten die Formen nur zu zwei Dritteln gefüllt sein. An einem warmen Ort noch einmal 15 Minuten gehen lassen.
6. Die Formen auf die unterste Leiste in den kalten Backofen schieben und bei 220°C 65 bis 75 Minuten backen. Den Herd ausschalten und noch weitere 15 Minuten im Backofen lassen.
7. Die Brote vor dem Anschneiden auf einem Kuchengitter mindestens vier Stunden auskühlen lassen.

Zubereitungszeit: ca. 40 Minuten
Zeit zum Gehen: mindestens 6 Stunden 15 Minuten
Backzeit: ca. 90 Minuten
Zeit zum Auskühlen: mindestens 4 Stunden

Knäckebrot

Für ein Backblech
Vorheizen des Backofens auf 220°C

- 300 g Getreide nach Geschmack (Dinkel, Weizen, Roggen oder Getreidemischungen)
- 1 TL Salz
- 30 g Sesam, Leinsamen oder fein gemahlene Nüsse
- 30 g Butter
- $\frac{1}{4}$ l lauwarme Milch oder Wasser

1. Getreide fein mahlen und mit dem Salz und dem Sesam bzw. dem Leinsamen oder den gemahlenen Nüssen mischen.
2. Zusammen mit der Butter und der Flüssigkeit zu einem weichen Teig kneten, der nicht mehr kleben sollte. Den Teig etwa eine halbe Stunde ruhen lassen.
3. Ein Backblech einfetten und den Teig ganz nach Beschaffenheit darauf entweder dünn ausrollen oder ausstreichen (wenn Sie Ihre Hände dazu anfeuchten, geht das ohne Schwierigkeiten).
4. Den Teig in etwa 6 × 10 cm große Rechtecke teilen und mit einer Gabel einstechen.
5. Das Blech auf die mittlere Leiste des vorgeheizten Backofens schieben und das Knäckebrot etwa 20 Minuten backen.

Zubereitungszeit: ca. 25 Minuten
Zeit zum Ruhen: ca. 30 Minuten
Backzeit: ca. 20 Minuten

Schweizer Ringbrot

Für ein Brot

Vorteig:

500 g Roggen
1 TL Honig
1 TL Salz
500 g lauwarmes Wasser

Hauptteig:

700 g Weizen oder Dinkel
1 TL Salz
1 TL gemahlener Koriander
1 TL gemahlener Fenchel
1 TL gemahlener Anis
etwa 200 bis 300 ml lauwarmes Wasser
1 1/2 Würfel Hefe (ca. 60 g)

1. Für den Vorteig den Roggen mittelgrob mahlen. Den Honig und das Salz in dem lauwarmen Wasser auflösen, zum Roggenschrot gießen.
2. Mit Hilfe eines Holzlöffels zu einem weichen Brei verrühren. Anschließend mit einem feuchten Tuch bedecken und mindestens vier Stunden – besser noch über Nacht – quellen lassen.
3. Am nächsten Tag den Weizen oder den Dinkel mahlen und mit den Gewürzen vermischen.
4. Die Hefe in dem lauwarmen Wasser auflösen und zusammen mit dem Weizenmehl zum Vorteig geben. Alle Zutaten etwa fünf bis zehn Minuten lang zu einem glatten elastischen Teig kneten, der sich gut von der Schüssel löst und nicht mehr klebt.
5. Den Teig zu einer Kugel formen und zugedeckt an einem warmen Ort etwa eine Stunde gehen lassen, bis sich das Volumen etwa verdoppelt hat.
6. Danach den Teig noch einmal gut durchkneten und zu einer Rolle formen. Diese zu einem Ring auf ein gefettetes Backblech legen. Mit lauwarmem Wasser bestreichen und an einem warmen Ort noch einmal 15 Minuten gehen lassen.
7. Anschließend das Blech auf die mittlere Leiste in den kalten Backofen schieben und bei 220°C etwa 40 bis 50 Minuten backen.
8. Vor dem Verzehr auf einem Kuchengitter etwa drei bis vier Stunden auskühlen lassen.

Zubereitungszeit: ca. 35 Minuten
Zeit zum Gehen: mindestens 5 Stunden 15 Minuten
Backzeit: ca. 50 Minuten
Zeit zum Auskühlen: ca. 4 Stunden
(Farbtafel 5)

Leinsamenbrot

Für ein Brot

Vorteig:

- 400 g Roggen
- 1 TL Salz, 1 TL Honig
- 600 ml lauwarmes Wasser

Hauptteig:

- 700 g Weizen
- 1 TL Salz
- 1 Würfel Hefe (42 g)
- 1 EL Honig
- etwa 100 ml lauwarmes Wasser
- 1 EL Sesam
- 100 g Leinsamen

zum Bestreuen:

- 2 EL Leinsamen

1. Für den Vorteig den Roggen am Abend mittelfein mahlen.
2. Das Salz und den Honig in dem lauwarmen Wasser auflösen, zum Roggenmehl gießen und mit Hilfe eines Holzlöffels zu einem weichen Brei verrühren.
3. Den Vorteig mit einem feuchten Tuch bedeckt über Nacht bei Zimmertemperatur stehenlassen.
4. Für den Hauptteig am nächsten Morgen den Weizen fein mahlen und mit dem Salz mischen.
5. Die Hefe und den Honig in dem lauwarmen Wasser auflösen und zusammen mit dem Sesam, dem Leinsamen und dem Weizenvollkornmehl zum Vorteig geben.
6. Alle Zutaten so lange miteinander verkneten, bis sich der Teig von der Schüssel löst.
7. Den Teig mit einem Tuch bedeckt an einem warmen Ort noch einmal eine bis eineinhalb Stunden gehen lassen, bis sich das Volumen nahezu verdoppelt hat.
8. Danach den Teig noch einmal kräftig durchkneten und auf einer bemehlten Arbeitsfläche zu einer Rolle von etwa 60 Zentimeter Länge formen. Diese wie eine Schnecke aufrollen.
9. Die Teigschnecke auf ein gefettetes Backblech geben, mit lauwarmem Wasser bestreichen und mit dem Leinsamen bestreuen. Dabei diese leicht andrücken. Den Teig an einem warmen Ort noch einmal 10 bis 15 Minuten gehen lassen.
10. Danach auf die unterste Leiste in den kalten Backofen schieben und zunächst bei 250°C 20 Minuten und dann bei 200°C weitere 45 bis 50 Minuten backen.
11. Das Brot vor dem Anschneiden mindestens 4 Stunden auf einem Kuchengitter auskühlen lassen.

Zubereitungszeit: ca. 40 Minuten
Zeit zum Gehen: ca. 11 Stunden
Backzeit: ca. 60 Minuten
Zeit zum Auskühlen: mindestens 4 Stunden
(auf dem Titelfoto)

Mehrkornbrot

Für 2 Brote

Vorteig:

- 400 g Roggen
- 200 g Weizen
- 2 EL Grundansatz (siehe Seite 53)
- 2 TL Backferment
- 600 ml lauwarmes Wasser (35°C)

Hauptteig:

- 500 g Weizen
- 100 g Grünkern
- 200 g Gerste
- 100 g Hafer
- 100 g Leinsamen
- 3 TL Salz
- 1 TL Kümmel
- 400 bis 500 ml lauwarmes Wasser (45°C)

1. Für den Vorteig den Roggen und den Weizen mittelfein schroten. Den Grundansatz und das Backferment in dem warmen Wasser klümpchenfrei auflösen und dazugießen.

2. Beides mit einem Holzlöffel gründlich verrühren, mit einem feuchten Tuch abdecken, damit der Teig nicht abtrocknen kann, und bei einer Raumtemperatur von mindestens 20°C etwa 12 Stunden gehen lassen.

3. Am nächsten Tag das restliche Getreide mittelfein mahlen und mit dem Salz und dem Kümmel vermischen.

4. Zusammen mit dem 45°C warmen Wasser zum Vorteig geben, alles miteinander vermengen und den Teig gut durchkneten. Der Teig ist sehr feucht und klebt noch an den Händen. Er geht auf diese Weise aber besser auf, muß jedoch stets in einer Form gebacken werden.

5. Mit einem feuchten Tuch bedeckt an einem warmen Ort etwa 2 Stunden gehen lassen. Danach sollte der Teig eine gute Lockerung zeigen und etwas aufgegangen sein.

6. Anschließend den Teig noch einmal gut durchkneten und in zwei gefettete Backformen füllen. Die Formen sollten zu vier Fünfteln gefüllt sein. Die Oberfläche mit einem nassen Löffel glattstreichen und mehrmals einschneiden.

7. Die Formen auf die unterste Leiste in den kalten Backofen schieben und dort noch einmal 45 bis 60 Minuten gehen lassen.

8. Danach den Backofen auf 220°C schalten und die Brote etwa 75 Minuten backen.

9. Die Brote vor dem Anschneiden auf einem Kuchengitter 24 Stunden auskühlen lassen.

Zubereitungszeit: ca. 30 Minuten
Zeit zum Gehen: ca. 15 Stunden
Backzeit: ca. 75 Minuten
Zeit zum Auskühlen: ca. 24 Stunden

Pikante Kuchen

Gemüsepizza

Für ein Backblech Pizza

Teig:

- 500 g Weizen
- 1 TL Kümmel
- 1/2 TL Koriander
- 1 TL Salz
- 1/2 Würfel Hefe (ca. 20 g)
- etwa 200 ml lauwarmes Wasser
- 2 Eier
- 2 EL Öl

Belag:

- gut 500 g Tomaten
- 1 Zwiebel
- 2 EL Öl
- 1 TL getrocknetes Basilikum
- 1 TL getrockneter Thymian
- 1 TL getrockneter Majoran
- 1 TL Kräutersalz
- frisch gemahlener Pfeffer
- 1 Knoblauchzehe
- 200 g Champignons
- 2 mittelgroße Zucchini
- Oliven nach Geschmack
- 2 grüne Paprikaschoten
- 2 EL Sonnenblumenöl
- Salz
- frisch gemahlener Pfeffer
- 100 bis 150 g geriebener milder Käse

1. Für den Teig den Weizen fein mahlen und mit den Gewürzen vermischen.
2. Die Hefe in dem lauwarmen Wasser auflösen und dazugießen. Die Eier und das Öl hinzufügen und alle Zutaten etwa 5 Minuten lang zu einem glatten, weichen Teig verkneten, der nicht mehr kleben sollte.
3. Den Teig zu einer Kugel formen und zugedeckt an einem warmen Ort etwa eine Stunde gehen lassen, bis sich sein Volumen etwa verdoppelt hat.
4. In der Zwischenzeit die Tomaten mit kochendem Wasser übergießen und enthäuten. Anschließend vierteln. Die Zwiebel schälen und fein würfeln.
5. Das Öl erhitzen, die Zwiebel darin glasig dünsten, die Tomaten dazugeben und auf kleiner Flamme 10 Minuten köcheln lassen. Mit den Gewürzen und der zerdrückten Knoblauchzehe pürieren und erkalten lassen.
6. Das Gemüse waschen und putzen. Die Champignons und die Zucchini in Scheiben, die Oliven in Stücke und die Paprikaschoten in Streifen schneiden.
7. Den gut gegangenen Teig noch einmal durchkneten, auf einem gefetteten Backblech ausrollen und das Tomatenpüree gleichmäßig daraufstreichen.
8. Anschließend das Gemüse auf der Pizza verteilen. Mit dem Öl beträufeln und mit etwas Pfeffer und Salz leicht würzen. Den geriebenen Käse darüberstreuen.
9. Das Blech auf die unterste Leiste in den kalten Backofen schieben und bei 220°C etwa 30 bis 35 Minuten backen.

Zubereitungszeit: ca. 50 Minuten
Zeit zum Gehen: ca. 1 Stunde
Backzeit: ca. 35 Minuten

Einfache Zwiebelpizza

Für ein Backblech Pizza

Teig:

350 g Weizen
1 TL gemahlener Kümmel
1 TL Salz
1/2 Würfel Hefe (ca. 20 g)
150 bis 180 ml Wasser

Belag:

500 bis 750 g Zwiebeln
2 EL Butter
4 EL Wasser
2 Knoblauchzehen
3 EL Tomatenmark (selbstgemacht)
1 bis 2 TL Curry
1 TL Majoran
Meersalz
50 g gehobelte Mandeln

1. Den Weizen fein mahlen und mit dem Kümmel und dem Salz mischen.
2. Die Hefe in dem lauwarmen Wasser auflösen, dazugießen und alle Zutaten zu einem weichen Teig verkneten, der nicht mehr kleben sollte.
3. Den Teig zu einer Kugel formen und zugedeckt an einem warmen Ort etwa eine Stunde gehen lassen, bis sich das Volumen deutlich vergrößert hat.
4. In der Zwischenzeit die Zwiebel schälen und in Würfel schneiden. In der Butter andünsten, das Wasser hinzufügen und auf kleiner Flamme in etwa 10 Minuten weich dünsten.
5. Die Knoblauchzehe zerdrücken und das Tomatenmark unter die Zwiebelmasse rühren und mit Curry, Majoran und eventuell etwas Salz würzen.
6. Den gut gegangenen Hefeteig noch einmal durchkneten und auf einem gefetteten Backblech ausrollen. Noch einmal 5 Minuten gehen lassen.
7. Anschließend die Zwiebelmasse darauf verteilen und die gehobelten Mandeln darüberstreuen.
8. Das Backblech auf die mittlere Leiste in den kalten Backofen schieben und bei 200°C etwa 30 Minuten backen.

Zubereitungszeit: ca. 50 Minuten
Zeit zum Gehen: ca. 65 Minuten
Backzeit: ca. 30 Minuten

Farbtafel 7:
oben: Kirschstrudel
(Rezept Seite 104)
unten: Orangentorte
(Rezept Seite 106)

hawo's
Kornmühlen

Krautkrapfen

Für 20 Krapfen

Teig:

- 350 g Weizen
- 150 g Roggen
- 1 TL gemahlener Kümmel
- 1 TL gemahlener Koriander
- 1 TL Salz
- 1 Würfel Hefe (42 g)
- 200 ml lauwarme Milch
- 50 g Butter
- 1 Ei

Füllung:

- 250 g Sauerkraut
- 1 Zwiebel
- 1 kleine rote Paprikaschote
- 1 kleine grüne Paprikaschote
- 1/2 TL Paprika
- frisch gemahlener Pfeffer
- Kräutersalz
- 1 bis 2 Knoblauchzehen
- 1 Eigelb
- 1 EL Wasser

1. Den Weizen und den Roggen fein mahlen und mit den Gewürzen und dem Salz vermischen.

2. Die Hefe in der lauwarmen Milch auflösen und dazugießen. Die Butter und das Ei hinzufügen und alle Zutaten zu einem glatten geschmeidigen Teig kneten, der nicht mehr kleben sollte.

3. Den Teig zu einer Kugel formen und zugedeckt an einem warmen Ort etwa 45 bis 60 Minuten gehen lassen, bis sich sein Volumen deutlich vergrößert hat.

4. Für die Füllung das Sauerkraut auseinanderzupfen, eventuell klein schneiden. Die Zwiebel schälen und würfeln, die Paprikaschoten putzen und in möglichst feine Streifen schneiden. Alles miteinander mischen und würzen.

5. Den gut gegangenen Hefeteig noch einmal durchkneten, auf einem bemehlten Blech dünn ausrollen und etwa 40 Kreise von 7 bis 8 cm Durchmesser ausstechen.

6. Die Hälfte der Kreise auf ein gefettetes Backblech setzen, jeweils einen großen Eßlöffel Füllung in die Mitte geben, dabei aber unbedingt einen Rand lassen.

7. Die andere Hälfte der Kreise zum Abdecken verwenden. Dazu jeden Kreis etwas stärker ausrollen, auf die gefüllten Kreise setzen und die Ränder fest zusammendrücken.

8. Die Krapfen mit dem verquirlten Eigelb bestreichen und das Blech auf die mittlere Leiste in den kalten Backofen schieben. Bei 200°C 25 bis 30 Minuten backen.

Zubereitungszeit: ca. 40 Minuten
Zeit zum Gehen: ca. 1 Stunde
Backzeit: ca. 30 Minuten
(Farbtafel 8 links)

Farbtafel 8:
oben: Krautkrapfen
(Rezept oben)
Mitte: Pikantes Nußgebäck
(Rezept Seite 101)
unten: Spinatquiche
(Rezept Seite 99)

Lauchstrudel

Für einen Strudel

Teig:

- etwa 250 g Hartweizen
- 1 Prise Salz
- 1 Ei
- 2 EL Öl
- 1 TL Essig
- 100 bis 125 ml lauwarmes Wasser

zum Bestreichen:

- Öl

Füllung:

- 2 Zwiebeln
- 2 bis 3 Stangen Lauch
- 50 g Butter
- 1 TL Kräutersalz
- 1 TL Curry
- 1/2 TL gemahlener Koriander
- 250 g Quark
- 2 Eier
- 125 g geriebener Emmentaler Käse
- 1 EL Weizen
- 1 Bund Schnittlauch
- Meersalz
- frisch gemahlener Pfeffer
- 1 Prise Muskat

zum Bestreichen:

- etwas flüssige Butter
- oder 1 Eigelb, verquirlt mit 1 EL Wasser

1. Den Hartweizen fein mahlen (bei der Verwendung von Sommer- oder Winterweizen: 300 g mahlen und 50 g Kleie aussieben).
2. Das Weizenmehl mit den übrigen Zutaten für den Teig so lange kneten, bis der Teig weich und geschmeidig ist und nicht mehr klebt.
3. Den Teig zu einer Kugel formen, mit etwas Öl bestreichen, mit einem Tuch bedeckt bei Zimmertemperatur eine Stunde ruhen lassen.
4. In der Zwischenzeit die Füllung zubereiten. Dazu die Zwiebeln schälen und würfeln. Den Lauch putzen, waschen und in Streifen schneiden. Dabei auch möglichst viel Lauchgrün mitverwenden.
5. Die Zwiebeln und den Lauch zunächst in der Butter glasig dünsten, mit den Gewürzen abschmecken und noch etwa 5 bis 10 Minuten auf kleiner Flamme weichdünsten.
6. Den Quark mit den Eiern glattrühren und die Zwiebel-Lauch-Mischung sowie den geriebenen Käse unterheben.
7. Den Weizen fein mahlen, den Schnittlauch waschen und klein schneiden. Beides unter die Quarkmasse rühren, mit Salz, Pfeffer und Muskat würzen.
8. Den Teig auf einem Küchentuch hauchdünn ausrollen und die Quarkmasse in die Mitte streichen. Mit Hilfe des Küchentuchs aufrollen.
9. Den Strudel in eine gefettete Auflaufform geben und mit der flüssigen Butter oder dem verquirlten Eigelb bestreichen.
10. Die Form auf die mittlere Leiste in den kalten Backofen schieben und bei 200°C etwa 45 Minuten backen.

Zubereitungszeit: ca. 50 Minuten
Zeit zum Ruhen: ca. 1 Stunde
Backzeit: ca. 45 Minuten

Spinatquiche

Für eine Springform mit 26 cm Ø

Teig:

- 150 g Weizen
- 100 g Roggen
- 100 g Butter
- 1 Ei
- 50 g geriebener Käse
- 1 TL Salz
- 1/2 TL gemahlener Kümmel
- 1/2 TL gemahlener Koriander
- Butter zum Ausfetten

Füllung:

- 100 g Zwiebeln
- 1 Knoblauchzehe
- 3 EL Öl
- 750 g Spinat

Guß:

- 2 Eier
- 150 g Joghurt oder saure Sahne
- 100 g geriebener Käse
- 3 EL frisch gehackte gemischte Küchenkräuter
- Kräutersalz
- frisch gemahlener Pfeffer

1. Den Weizen und den Roggen fein mahlen und zusammen mit der Butter, dem Ei und dem geriebenen Käse sowie dem Salz und den Gewürzen zu einem weichen Teig kneten.

2. Eine runde Pie- oder Springform von etwa 26 cm Durchmesser einfetten, den Teig hineinfüllen und mit einem nassen Löffel glattstreichen. Dabei einen etwa 2 cm hohen Rand formen.

3. Den Teig für mindestens eine halbe Stunde in den Kühlschrank stellen und ruhen lassen.

4. In der Zwischenzeit die Zwiebeln schälen, in feine Würfel schneiden und zusammen mit der geschälten, zerdrückten Knoblauchzehe in dem Öl glasig dünsten.

5. Den Spinat waschen, putzen und abtropfen lassen, zu der Zwiebel geben und so lange dünsten, bis er zusammengefallen ist.

6. Für den Guß die Eier mit dem Joghurt und dem geriebenen Käse verrühren, die fein geschnittenen Küchenkräuter unterrühren und mit Kräutersalz und Pfeffer würzen.

7. Den gut abgetropften Spinat auf den Teig geben und den Guß darüber verteilen.

8. Die Form auf die unterste Leiste in den kalten Backofen schieben und die Quiche bei 220°C etwa 45 Minuten backen.

Zubereitungszeit: ca. 30 Minuten
Zeit zum Ruhen: ca. 30 Minuten
Backzeit: ca. 45 Minuten
(Farbtafel 8)

Bunter Gemüsekuchen

Für eine Springform mit 26 cm Ø

Teig:

- 250 g Weizen
- 1 TL Salz
- 10 g Hefe
- 125 ml lauwarme Milch
- 1 Ei
- 1 EL Öl

Belag:

- 1 Zwiebel
- 1 EL Öl
- 250 g Buschbohnen
- Kräutersalz
- frisch gemahlener Pfeffer
- 250 g Tomaten
- 150 g Champignons

Guß:

- 250 g saure Sahne oder Joghurt
- 2 Eier
- Kräutersalz, Pfeffer
- Saft von einer halben Zitrone

außerdem:

- Butter zum Ausfetten
- frisches Basilikum oder
- Petersilie zum Garnieren

1. Den Weizen fein mahlen und mit dem Salz mischen.
2. Die Hefe in der lauwarmen Milch auflösen, zum Mehl gießen und zusammen mit dem Ei und dem Öl zu einem weichen Teig kneten.
3. Den Teig zugedeckt an einem warmen Ort etwa eine Stunde gehen lassen, bis sich das Volumen deutlich vergrößert hat.
4. In der Zwischenzeit die Zwiebel in feine Würfel schneiden und im Öl glasig dünsten. Die Bohnen putzen, hinzufügen, eventuell etwas Wasser angießen, und auf kleiner Flamme 15 bis 20 Minuten köcheln lassen. Mit Kräutersalz und Pfeffer würzen.
5. Die Tomaten waschen, in Scheiben schneiden, die Champignons putzen und halbieren.
6. Für den Guß die saure Sahne mit den Eiern verrühren und mit dem Kräutersalz, dem Pfeffer und dem Zitronensaft würzen.
7. Den gut gegangenen Hefeteig noch einmal kräftig durchkneten und eine gefettete runde Springform damit auslegen.
8. Die Tomaten- und Champignonscheiben sowie die abgetropften Bohnen auf dem Teig verteilen und den Guß darübergießen. Mit frischen Basilikumblättchen oder fein gehackter Petersilie garnieren.
9. Die Form auf die unterste Leiste in den kalten Backofen schieben und den Kuchen bei 220°C etwa 35 bis 40 Minuten backen.

Zubereitungszeit: ca. 50 Minuten
Zeit zum Gehen: ca. 1 Stunde
Backzeit: ca. 40 Minuten

Pikantes Nußgebäck

Für ca. 30 Plätzchen

- 75 g Hartkäse, z. B. Emmentaler oder Appenzeller
- 120 g Dinkel
- 50 g Butter
- 50 g Sahne
- 1 Prise Salz, frisch gemahlener Pfeffer

außerdem:

- Butter zum Einfetten
- 1 Eigelb
- 25 bis 30 ganze Haselnüsse

1. Den Käse fein reiben und den Dinkel fein mahlen.
2. Den Käse, die Butter, die Sahne und den Dinkel mit dem Salz und dem Pfeffer mit den Knethaken des Handrührgerätes zu einem glatten weichen Teig kneten. Diesen zugedeckt im Kühlschrank für mindestens eine Stunde ruhen lassen.
3. Danach den Teig zu einer Rolle formen und etwa einen halben Zentimeter dicke Scheiben davon abschneiden.
4. Diese auf ein gefettetes Backblech setzen, mit dem Eigelb bestreichen und in die Mitte eine Haselnuß eindrücken.
5. Das Blech auf die mittlere Leiste in den kalten Backofen schieben und bei 200°C etwa 20 bis 25 Minuten backen.

Zubereitungszeit: ca. 20 Minuten
Zeit zum Ruhen: ca. 1 Stunde
Backzeit: ca. 25 Minuten
(Farbtafel 8)

Süßes Gebäck

Schokoladenwaffeln

Für 4 bis 6 Waffeln

- 180 g Weizen
- 70 g Mandeln
- 70 g Butter
- 3 EL Honig
- 3 EL Kakao oder Carob
- 2 Eier
- 10 g Hefe oder 1 TL Weinsteinbackpulver
- gut 200 ml lauwarme Milch

1. Den Weizen und die Mandeln fein mahlen.
2. Die Butter zerlassen und zusammen mit dem Honig, dem Kakao und den Eiern hinzufügen.
3. Die Hefe in der lauwarmen Milch auflösen und dazugießen.
4. Alle Zutaten gut miteinander verrühren und zugedeckt etwa eine Stunde quellen und gehen lassen.
5. Den Teig noch einmal gut durchrühren und nacheinander im Waffeleisen die Waffeln ausbacken.
6. Die Waffeln bis zum Verzehr auf einem Kuchengitter gut auskühlen lassen.

Zubereitungszeit: ca. 25 Minuten
Zeit zum Gehen: ca. 1 Stunde

Nußkranz

Für einen Ring von 26 cm Ø

3 Eigelb
100 bis 150 g Honig
125 g Butter
1/4 TL gemahlene Vanille
2 EL Zitronensaft
200 g Dinkel oder Weizen
200 g Haselnüsse
etwa 1/8 l Milch
1 Päckchen Weinsteinbackpulver
3 Eiweiß
Butter zum Ausfetten

1. Die Eigelbe mit dem Honig und der Butter schaumig rühren und mit der Vanille und dem Zitronensaft würzen.
2. Den Dinkel und die Haselnüsse fein mahlen und zusammen mit der Milch und dem Backpulver dazugeben. Alle Zutaten mit dem Handrührgerät zu einem nicht zu festen Teig verrühren.
3. Die Eiweiße sehr steif schlagen und vorsichtig unterheben.
4. Den Teig in eine gut gefettete Ringform geben und glattstreichen.
5. Die Form auf die unterste Leiste in den kalten Backofen schieben und dann bei 200°C etwa 50 Minuten backen.
6. Anschließend den Kuchen in der Form 5 bis 10 Minuten auskühlen lassen, dann vorsichtig den Rand lösen und den Kuchen auf ein Gitter stürzen.

Zubereitungszeit: ca. 25 Minuten
Backzeit: ca. 50 Minuten

Mandel-Zimt-Kuchen

Für eine Springform von 26 cm Ø
Vorheizen des Backofens auf 220°C

Teig:

200 g Weizen
50 g Mandeln
1 Ei
125 g Butter
2 EL Honig
1/4 TL gemahlene Vanille
1 Prise Salz
Butter zum Ausfetten

Füllung:

2 Eigelb
100 g Honig
1/8 l Milch
100 g Mandeln
1 TL Zimt
1 EL ungeschwefelte Rosinen
oder Sultaninen
25 g Zitronat
25 g Orangeat
2 Eiweiß
100 g Sahne

1. Den Weizen und die Mandeln fein mahlen und miteinander mischen. Mit den übrigen Zutaten zu einem glatten weichen Teig kneten.
2. Den Teig mit einem nassen Löffel in eine gefettete Springform streichen und mindestens eine halbe Stunde im Kühlschrank ruhen lassen.
3. Mit einer Gabel mehrmals einstechen. Anschließend auf die mittlere Leiste in den vorgeheizten Backofen schieben und bei 220°C 10 Minuten vorbacken.

4. Für die Füllung die Eigelbe mit dem Honig und der Milch schaumig rühren.
5. Die Mandeln fein mahlen und zusammen mit dem Zimt, den gut gewaschenen und abgetropften Rosinen sowie dem fein gewürfelten Zitronat und Orangeat dazugeben.
6. Die Eiweiße und die Sahne steif schlagen, vorsichtig unterheben.
7. Den vorgebackenen Mürbeteig aus dem Backofen nehmen und 5 Minuten abkühlen lassen. Den Backofen auf 180°C zurückschalten. Anschließend die Füllung auf dem Tortenboden verteilen.
8. Die Form auf die unterste Leiste in den heißen Backofen schieben und etwa 30 Minuten backen. Anschließend für weitere 10 Minuten im ausgeschalteten Backofen lassen.

Zubereitungszeit: ca. 30 Minuten
Zeit zum Kühlen: ca. 35 Minuten
Backzeit: ca. 40 Minuten

Zwetschgendatschi

Für ein Backblech

Teig:

400 g Weizen oder Dinkel
30 g Hefe
etwa 150 ml lauwarme Milch
80 g Butter
80 g Honig
1 Ei

Belag:

1 1/2 bis 2 kg Zwetschgen

außerdem:

Butter zum Ausfetten
2 TL Zimt

1. Den Weizen oder den Dinkel fein mahlen.
2. Die Hefe in der lauwarmen Milch auflösen, zum Vollkornmehl gießen und zusammen mit der Butter, dem Honig und dem Ei zu einem glatten, weichen Teig kneten. Den Teig zu einer Kugel formen und zugedeckt an einem warmen Ort etwa eine Stunde gehen lassen, bis sich das Volumen nahezu verdoppelt hat.
3. In der Zwischenzeit die Zwetschgen entkernen und die Hälften jeweils bis zur Mitte einschneiden.
4. Den Teig noch einmal gut durchkneten und auf ein gefettetes Backblech legen.
5. Die Zwetschgen möglichst dicht auf den Hefeteig legen und den Kuchen noch einmal an einem warmen Ort 5 bis 10 Minuten gehen lassen.
6. Das Blech auf die unterste Leiste in den kalten Backofen schieben und dann bei 200°C etwa 35 Minuten backen.
7. Aus dem Ofen nehmen und sofort mit Zimt bestreuen.

Zubereitungszeit: ca. 30 Minuten
Zeit zum Gehen: ca. 70 Minuten
Backzeit: ca. 35 Minuten

Kirschstrudel

Für einen Strudel

Teig:

250 g Hartweizen
1 Prise Salz
1 Ei
2 EL Sonnenblumenöl
1 TL Obstessig
125 ml lauwarmes Wasser
Öl zum Bestreichen

Füllung:

500 g Kirschen
150 g gut abgetropfter, trockener Quark oder Schichtkäse
2 bis 4 EL Honig
1 Eigelb
1 TL Zimt
50 g gemahlene Mandeln
1 Eiweiß

außerdem:

Mehl zum Ausrollen
Öl zum Ausfetten
2 EL Milch oder 1 Eigelb, verquirlt mit 1 EL Wasser zum Bestreichen

1. Den Hartweizen fein mahlen. Alle Zutaten für den Teig zum Mehl geben und so lange kneten, bis ein geschmeidiger Teig entstanden ist, der nicht mehr klebt.
2. Den Teig zu einer Kugel formen, mit etwas Öl bestreichen, damit er nicht austrocknet, und mit einem Tuch bedeckt bei Zimmertemperatur etwa eine Stunde ruhen lassen.
3. In der Zwischenzeit die Kirschen waschen, entkernen. Den Quark mit dem Honig, dem Eigelb, dem Zimt und den fein gemahlenen Mandeln verrühren.
4. Die Kirschen untermengen. Das Eiweiß steif schlagen und vorsichtig unterziehen.
5. Den Strudelteig auf einem bemehlten Tuch dünn zu einem Rechteck ausrollen. Die Füllung in der Mitte darauf verteilen.
6. Zwei Enden des Tuches anfassen und damit den Strudel aufrollen, die Seiten einschlagen und den Strudel in eine gefettete Auflaufform gleiten lassen.
7. Den Teig mit der Milch oder dem verquirlten Eigelb einpinseln.
8. Die Form auf die mittlere Leiste in den kalten Backofen schieben und den Strudel bei 220°C in etwa 40 bis 45 Minuten knusprig braun backen.

Zubereitungszeit: ca. 45 Minuten
Zeit zum Ruhen: ca. 1 Stunde
Backzeit: ca. 45 Minuten
(Farbtafel 7)

Mürbe Buchweizenkekse

Für ca. 30 Plätzchen

125 g Butter, 100 g Honig
1 Ei
150 g Buchweizen
50 g Hirse, 50 g Dinkel
1 TL Weinsteinbackpulver
1/4 TL gemahlene Vanille
abgeriebene Schale von einer
unbehandelten Zitrone
Mehl zum Ausrollen
Butter zum Ausfetten

1. Die Butter mit dem Honig und dem Ei schaumig rühren.
2. Den Buchweizen, die Hirse und den Dinkel fein mahlen und zusammen mit dem Backpulver, der Vanille und der Zitronenschale zur Buttermasse geben, alle Zutaten zu einem glatten Teig verkneten.
3. Diesen zu einer Kugel formen und zugedeckt im Kühlschrank mindestens eine Stunde ruhen lassen.
4. Anschließend den Teig auf einem bemehlten Brett zu einer Rolle formen. Von dieser dünne Scheiben abschneiden und auf ein gefettetes Backblech legen.
5. Das Blech auf die mittlere Leiste in den vorgeheizten Backofen schieben und bei 200°C etwa 10 bis 15 Minuten backen.
6. Die Plätzchen auf einem Kuchengitter auskühlen lassen.

Zubereitungszeit: ca. 20 Minuten
Zeit zum Ruhen: mindestens 1 Stunde
Backzeit: ca. 15 Minuten

Möhrenkuchen

Für eine Springform von 26 cm Ø

4 Eigelb
120 bis 150 g Honig
1 TL Zimt, 1/2 TL gemahlene Vanille
50 g Weizen oder Buchweizen
140 g Haselnüsse
250 g Möhren (geputzt gewogen)
2 TL Weinsteinbackpulver
4 Eiweiß, 1 Prise Salz
Butter zum Einfetten
200 g süße Sahne

1. Die Eigelbe mit dem Honig schaumig rühren und mit dem Zimt und der Vanille würzen.
2. Den Weizen oder Buchweizen und die Haselnüsse fein mahlen. Die Möhren fein raspeln.
3. Alles zu der Ei-Honig-Masse geben und gut miteinander verrühren.
4. Die Eiweiße mit einer Prise Salz steif schlagen und mit einem Löffel vorsichtig unter den Teig heben.
5. Den Boden einer Springform gut einfetten, den Teig hineinfüllen und glattstreichen.
6. Die Form auf die unterste Leiste in den kalten Backofen schieben und bei 180°C etwa 50 Minuten backen. Dabei den Kuchen eventuell nach 40 Minuten mit Pergamentpapier abdecken, damit er nicht braun wird.
7. Vor dem Servieren am besten einen Tag durchziehen lassen und dann mit Sahnetupfern garnieren.

Zubereitungszeit: ca. 20 Minuten
Backzeit: ca. 50 Minuten

Schneller Apfelkuchen

Für eine Springform von 26 cm Ø

Teig:

- 125 g Butter
- 120 g Honig
- 3 Eier
- 1/4 TL gemahlene Vanille
- 200 g Dinkel
- 2 TL Weinsteinbackpulver

außerdem:

- Butter zum Ausfetten
- eventuell Kleie oder Sesam zum Ausstreuen

Belag:

- etwa 600 bis 700 g Äpfel, vorzugsweise säuerliche Sorte
- 30 g Sonnenblumenkerne

1. Die Butter mit dem Honig, den Eiern und der Vanille gut schaumig rühren.
2. Den Dinkel fein mahlen und mit dem Backpulver mischen.
3. Alle Zutaten mit dem Handrührgerät zu einem mittelfesten Teig verkneten. Falls die Eier sehr klein sind, eventuell noch Milch hinzufügen.
4. Die Springform einfetten und eventuell mit Kleie oder Sesam ausstreuen. Den Teig hineinfüllen und glattstreichen.
5. Die Äpfel schälen, entkernen und in nicht zu dünne Scheiben schneiden. Dicht nebeneinander kreisförmig auf dem Teig verteilen und mit den Sonnenblumenkernen bestreuen.
6. Die Form auf die unterste Leiste in den kalten Backofen schieben und bei 200°C etwa 45 bis 50 Minuten backen.
7. Aus dem Backofen nehmen, abkühlen lassen und dann vorsichtig aus der Form lösen.

Zubereitungszeit: ca. 30 Minuten
Backzeit: ca. 50 Minuten

Orangentorte

Für eine Springform von 26 cm Ø
Vorheizen des Backofens auf 180°C

Teig:

- 120 g Dinkel
- 3 Eigelb
- 100 bis 120 g Honig
- 4 EL Orangensaft
- 1/4 TL gemahlene Vanille
- abgeriebene Schale von einer kleinen unbehandelten Orange
- 1 TL Weinsteinbackpulver
- 3 Eiweiß
- Butter zum Ausfetten

Füllung:

- 2 Eigelb
- 100 g Honig
- 125 g fein gemahlene Mandeln
- Saft von einer halben Orange
- abgeriebene Schale von einer halben unbehandelten Orange
- 200 g Sahne

zum Garnieren:

- 2 Orangen
- 2 EL gehobelte Mandeln

1. Den Backofen auf 180°C vorheizen. Den Dinkel fein mahlen.
2. Die Eigelbe mit dem Honig und dem Orangensaft schaumig rühren und mit der Vanille und der fein geriebenen Orangenschale würzen. Den Dinkel und das Backpulver unterrühren.
3. Die Eiweiße sehr steif schlagen und mit einem Löffel vorsichtig unter den Teig heben.
4. Eine Springform gut ausfetten, den Teig hineinfüllen, glattstreichen und die Form auf die unterste Leiste in den heißen Backofen schieben. Bei 180°C etwa 35 Minuten backen.
5. Anschließend aus dem Backofen nehmen, die Torte mit einem spitzen Messer vorsichtig aus der Form lösen und am besten einen Tag auskühlen und durchziehen lassen.
6. Für die Füllung die Eigelbe mit dem Honig schaumig schlagen. Die fein gemahlenen Mandeln, den Orangensaft und die Orangenschale unterrühren und kalt stellen.
7. Kurz vor dem Servieren die Sahne steif schlagen und vorsichtig unter die Ei-Mandel-Masse heben.
8. Die Torte einmal quer durchschneiden. Etwa die Hälfte der Creme auf den Tortenboden streichen. Den Deckel daraufsetzen und den Rest der Creme darauf verstreichen.
9. Die Orangen schälen, in dünne Scheiben schneiden und die Torte damit belegen. Zum Schluß mit den gehobelten Mandeln bestreuen.

Zubereitungszeit: ca. 50 Minuten
Backzeit: ca. 35 Minuten
Zeit zum Auskühlen: ca. 1 Tag
(Farbtafel 7)

Einfacher Honigkuchen

Für eine Kastenform

350 g Weizen, 150 g Roggen
1 Päckchen Weinsteinbackpulver
1/2 TL gemahlener Anis
1/2 TL gemahlener Kardamom
1 TL Zimt, 1 Msp. gemahlene Nelken
abgeriebene Schale von einer unbehandelten Zitrone
1 Ei, 100 g Butter
200 bis 250 g Honig
etwa 1/4 l Milch
Butter zum Ausfetten
geschälte Mandeln zum Garnieren

1. Den Weizen und den Roggen fein mahlen und mit dem Backpulver und den Gewürzen sowie der Zitronenschale mischen.
2. Das Ei mit der Butter und dem Honig schaumig rühren. Die Getreidemischung und die Milch hinzufügen und alles zu einem nicht zu festen Teig verrühren.
3. Eine Kastenform gut ausfetten, den Teig hineinfüllen (die Form sollte höchstens zu zwei Dritteln gefüllt sein) und glattstreichen.
4. Die geschälten Mandeln auf der Teigoberfläche zu Blumen legen, und die Form anschließend auf die unterste Leiste in den kalten Backofen schieben. Bei 180°C etwa 60 Minuten backen.
5. Den Kuchen aus dem Ofen nehmen, 10 Minuten in der Form abkühlen lassen.

Zubereitungszeit: ca. 25 Minuten
Backzeit: ca. 1 Stunde

Anhang

Bauanleitung für eine Kochkiste

Die Kochkiste ist ein altbewährtes Gerät zum Garen von Speisen, die eine längere Koch- und Nachquellzeit benötigen. Sie ist daher für Getreide- und Hülsenfrüchtegerichte gut geeignet.
Die Kochkiste wird nach folgendem Prinzip eingesetzt: Die Speisen werden zunächst auf der Kochplatte zum Kochen gebracht, kurze Zeit auf kleiner Flamme weitergegart und anschließend in die Kochkiste gesetzt. Dort garen sie dann durch die eigene Hitze weiter und quellen nach. Entsprechende Hinweise finden Sie auch in den Rezepten.

Materialliste:

a) Für die eigentliche Kiste:
18 mm starke und 400 mm breite Leimholzplatten (Leimholzplatten erhalten Sie in verschiedenen Längen in Baumärkten. Dort können Sie sie auch zuschneiden lassen.)

1 Stück à 364 × 364 mm	Boden
2 Stück à 400 × 350 mm	Seiten-
2 Stück à 364 × 350 mm	wände
1 Stück à 400 × 400 mm	Deckel

b) Für die Isolierung:
50 mm starke Korkplatten (auch Styropor kann verwendet werden, ist aber aus ökologischer Sicht abzulehnen).

1 Stück à 364 × 364 mm	Boden
2 Stück à 364 × 250 mm	Seiten-
2 Stück à 264 × 250 mm	wände
1 Stück à 360 × 357 mm	Deckel

c) Sonstiges:
ca. 30 Stauchkopfnägel 50 mm lang
ca. 10 Leichtbauplattenstifte 60 mm lang (eventuell auch Senkkopfstifte)
Leim
reißfeste Alufolie
2 Scharniere
2 Verschlüsse (z. B. Überfallen) mit dazugehörenden Holzschrauben

Bauanleitung:
1. Fertigen Sie aus den angegebenen Holzteilen eine oben offene Kiste an, die Sie leimen und mit den Stauchkopfnägeln nageln.
2. Bespannen Sie alle Einzelteile der Isolierung mit Alufolie.
3. Kleiden Sie die Kiste mit dem Isoliermaterial aus (zuerst den Boden, dann die größeren Seitenteile, zuletzt die kleineren Seitenteile). Alle Teile sollten stramm eingepaßt sein, so daß eine weitere Befestigung überflüssig ist.
4. Auf der Innenseite des Deckels befestigen Sie mit Leichtbauplattenstiften das letzte Korkstück. Es sollte an den Seiten und hinten 20 mm, vorne 23 mm vom Rand des Brettes entfernt sein.
5. Den Deckel setzen Sie jetzt auf die Kiste, bringen hinten die beiden Scharniere und vorne die beiden Verschlüsse an. Achten Sie unbe-

dingt darauf, daß der Deckel ringsherum sehr dicht schließt.

Abwandlungen:

1. Statt des Naturholzes können Sie auch Tischlerplatten verwenden (z.B. 16 mm stark). Die Maße müssen Sie dann nur entsprechend umrechnen.

2. Als Isolierung des Deckels und der Seitenwände eignen sich auch lose entsprechend große Kissen (z.B. aus Rupfen mit ungesponnener Schafwolle oder Stroh gefüllt).

3. Wollen Sie Ihre Kochkiste leicht hin und her bewegen, bringen Sie vier Filz- bzw. Teppichbodengleiter oder 4 Laufrollen an. Wenn Sie die Kochkiste nicht selbst bauen wollen, können Sie auch eine fertig kaufen (siehe dazu nachstehende Bezugsquellen).

Bezugsquellen

Getreidemühlen
(im Titelbild)
hawo's Kornmühlen GmbH
Habitzheimer Straße 14
6111 Otzberg-Lengfeld

Getreidemühlen im Test
Handbuch der Haushaltsgetreidemühlen
Hrsg. E. Cölle
Verlag Natürlich und Gesund
Postfach 700118
7000 Stuttgart 70

Getreidevorratssäcke
Mühlen-Kaiser
Thierschstraße 4
8000 München 22

Grüne Erde
Dr.-Gülden-Apfelring 11
8346 Simbach

Handflockenquetsche
Gute Dinge
Darmstädter Straße 21
6105 Oberramstadt

Linea Haushaltswaren
Handelsgesellschaft
Venloer Straße 15
5024 Pilheim

Kochkiste
Lanatherm
Johann Blersch
Zellwies 11
8197 Königsdorf

Sprossengeräte
Biosnacky
biokosma GmbH
Postfach 5509
7750 Konstanz

Keimfrischbox
Fa. Fink
7033 Herrenberg

hawo's Kornmühlen GmbH
Habitzheimer Straße 14
6111 Otzberg-Lengfeld

Getreide aus kontrolliert-biologischem Anbau

1. Warenname und Schutzzeichen
   BIOLAND Fördergemeinschaft
   organisch-biologischer Landbau
   Barbarossastraße 14
   7336 Uhingen

2. Warenname und Schutzzeichen
   DEMETER
   Forschungsring für biologisch-dynamische Wirtschaftsweise
   Baumschulenweg 11
   6100 Darmstadt

3. Warenname und Schutzzeichen
   BIOKREIS e.V. OSTBAYERN
   Biokreis Ostbayern e.V.
   Rosensteig 13
   8390 Passau

4. Warenname und Schutzzeichen
   NATURLAND
   Verein für naturgemäßen Landbau e.V.
   Kleinhardener Weg 1
   8032 Gräfelfing

5. ANOG
   Arbeitsgemeinschaft
   für naturnahen Obst-, Gemüse- und Feldfruchtanbau e.V.
   Anton-Reuter-Straße 18
   5400 Koblenz-Metternich

Rezeptverzeichnis

NÜTZLICHE RATGEBER

Stand: Frühjahr 1989

Essen und Trinken

Meine feine Bürgerliche Küche
(4411) Von E. Falout, 160 S., 119 Farbfotos, Pappband. ●●●

Essen in Hessen
Spezialitäten zwischen Schwalm und Odenwald. (0837) Von R. Witt, 120 S., 10 s/w-Zeichnungen, Pappband. ●●

Kochen für 1 Person
Rationell wirtschaften, abwechslungsreich und schmackhaft zubereiten. (0586) Von M. Nicolin, 104 S., 8 Farbtafeln, 23 Zeichnungen, kart. ●

Schnell und individuell
Die raffinierte Single-Küche
(4266) Von F. Faist, 160 S., 151 Farbfotos, Pappband. ●●●

Was koche ich heute?
Neue Rezepte für Fix-Gerichte. (0608) Von A. Badelt-Vogt, 112 S., 16 Farbtafeln, kart. ●

Frischer Fang aus Fluß und Meer **Fisch**
(0964) Von L. Grieser, 64 S., 69 Farbfotos, Pappband. ●

Edler Kern in harter Schale
Meeresfrüchte
(0886) Von L. Grieser, 48 S., 52 Farbfotos, Pappband. ●

Von Tatar und falschen Hasen **Hackfleisch**
(0866) Von A. und G. Eckert, 64 S., 42 Farbfotos, Pappband. ●

Aus eigener Küche **Gute Wurst**
(0948) Von J. Bessel, G. Quaas, 80 S., 8 Farbtafeln, kart. ●

Aus lauter Lust und Liebe **Knoblauch**
(0867) Von L. Reinirkens, 64 S., 45 Farbfotos, Pappband. ●

Kochen und würzen mit **Knoblauch**
(0725) Von A. und G. Eckert, 96 S., 8 Farbtafeln, kart. ●

Kochen und würzen mit **Paprika**
(0792) Von A. und G. Eckert, 88 S., 8 Farbtafeln, kart. ●

Nudelgerichte
– lecker, locker, leicht zu kochen. (0466) Von C. Stephan, 80 S., 8 Farbtafeln, kart. ●

Pasta in Höchstform **Nudeln**
(0884) Von M. Kirsch, 64 S., 62 Farbfotos, Pappband. ●

Herzhaftes für Leib und Seele **Eintöpfe**
(0820) Von P. Klein, 48 S., 30 Farbfotos, Pappband. ●

Spezialitäten unter knuspriger Decke
Aufläufe
(0882) Von C. Adam, 48 S., 33 Farbfotos, Pappband. ●

In Hülle und Fülle **Pasteten und Terrinen**
(0883) Von M. Kirsch, 48 S., 62 Farbfotos, Pappband. ●

Die Krönung der feinen Küche **Saucen**
(0817) Von G. Cavestri, 48 S., 40 Farbfotos, Pappband. ●

Kochen in höchster Vollendung
Aus vier Elementen ist alles zusammengefügt (Theophrast). (4291) Von M. Wissing, M. Kirsch, 160 S., 230 Farbfotos, Leinen geprägt mit Schutzumschlag, im Schuber, **DM 98,–**, S 784.–, Fr 90,20

Zaubern mit der schnellen Welle
Die neue Mikrowellenküche
(4289) Von F. Faist, 208 S., 188 Farbfotos, Pappband. ●●●

Ganz und gar mit Mikrowellen
(4094) Von T. Peters, 208 S., 24 Farbfotos, 12 Zeichnungen, kart. ●●●

Schnell auf den Tisch gezaubert
Kochen mit Mikrowellen
(0818) Von A. Danner, 64 S., 52 Farbfotos, Pappband. ●

Das neue Mikrowellen-Kochbuch
(0434) Von H. Neu, 80 S., 4 Farbtafeln, 16 s/w Zeichnungen, kart. ●

Natürlich Kochen im
Mikrowellen-Römertopf
(0947) Von F. Faist, 96 S., 8 Farbt., kart. ●

Gesunde Kost aus dem Römertopf
(0442) Von J. Kramer, 128 S., 8 Farbtafeln, 13 Zeichnungen, kart. ●

Das neue Fritieren
geruchlos, schmackhaft und gesund. (0365) Von P. Kühne, 88 S., 8 Farbtafeln, kart. ●

Goldbraun und knusprig
Fritierte Leckerbissen
(0868) Von F. Faist, 64 S., 47 Farbfotos, Pappband. ●

Kochen und backen im Heißluftherd
Vorteile, Gebrauchsanleitung, Rezepte. (0516) Von K. Kölner, 72 S., 8 Farbt., kart. ●

Schnell und gut gekocht
Die tollsten Rezepte für den Schnellkochtopf. (0265) Von J. Ley, 96 S., 8 Farbtafeln, kart. ●

Pizza, Pasta und die feine italienische Küche
(4270) Von R. Rudatis, 120 S., 255 Farbfotos, Pappband. ●●

Schlemmerreise durch die
Italienische Küche
(4172) Von V. Pifferi. 160 S., 109 Farbfotos, Pappband. ●●●

Schlemmen wie bei Mamma Maria
Pizzas
(0815) Von F. Faist, 64 S., 62 Farbfotos, Pappband. ●

Schlemmerreise durch die
Französische Küche
(4296) Von H. Imhof, 160 S., 147 Farbfotos, 3 s/w-Fotos, Pappband. ●●●

Bocuse à la carte
Französisch kochen mit dem Meister. (4237) Von P. Bocuse, 88 S., 218 Farbfotos, Pappband. ●●

Videokassette
Kochschule mit Paul Bocuse
Der Meisterkoch verrät die Geheimnisse der französischen Küche
(6016) VHS, 60 Min. in Farbe, mit Begleitheft. ●●●●●*

Französische Küche
(0685) Von M. Gutta, 96 S., 16 Farbt., kart. ●

Schlemmerreise durch die
Chinesische Küche
(4184) Von K. H. Jen, 160 S., 117 Farbfotos, Pappband. ●●●

Verheißungsvoll fernöstlich
Spezialitäten aus dem Wok
(0933) Von H. K. Jen, 64 S., 56 Farbfotos, Pappband. ●

Chinesisch kochen
mit dem Wok- und Mongolentopf. (0557) Von C. Korn, 64 S., 8 Farbt., kart. ●

Mehr Freude und Erfolg beim **Grillen**
(4141) Von A. Berliner, 160 S., 147 Farbfotos, 10 farbige Zeichnungen, Pappband. ●●●

Köstliches von Rost und Spieß **Grillen**
(0931) Von A. Kalcher-Dähn, H. K. Kalcher, 64 S., 43 Farbfotos, Pappband. ●

Fondues · Raclettes · Flambiertes
(4081) Von R. Peiler und M.-L. Schult, 136 S., 15 Farbtafeln, 28 Zeichnungen, kart. ●●

Fondues
und fritierte Leckerbissen. (0471) Von S. Stein, 96 S., 8 Farbtafeln, kart. ●

Rezepte rund um Raclette und Doppeldecker
(0420) Von J. W. Hochscheid, 72 S., 8 Farbtafeln, kart. ●

Schlemmen in geselliger Runde
Fleischfondues
(0966) Von M. Spötter, 64 S., 62 Farbfotos, Pappband. ●

Fondues und Raclettes
(4253) Von F. Faist, 160 S., 125 Farbfotos, Pappband. ●●●

Neue, raffinierte Rezepte mit dem Raclette-Grill
(0558) Von L. Helger, 72 S., 8 Farbt., kart. ●

Schmelzendes Käsevergnügen **Raclette**
(0881) Von F. Faist, 48 S., 33 Farbfotos, Pappband. ●

Kulinarischer Feuerzauber **Flambieren**
(4294) Von R. Wesseler, 120 S., 100 Farbfotos, Pappband. ●●●

Das köstliche knackige Schlemmervergnügen **Salate**
(4165) Von V. Müller, 160 S., 80 Farbfotos, Pappband. ●●●

111 köstliche Salate
Erprobte Rezepte mit Pfiff. (0222) Von C. Schönherr, 96 S., 8 Farbtafeln, 30 Zeichnungen, kart. ●

Die hier vorgestellten Bücher, Videokassetten und Software sind in folgende Preisgruppen unterteilt:

- ● Preisgruppe bis DM 10,–/S 79,–/Fr.10
- ●● Preisgruppe über DM 10,– bis DM 20,– S 80,– bis S 160,– Fr. 10,– bis Fr. 18,70
- ●●● Preisgruppe über DM 20,– bis DM 30,– S 161,– bis S 240,– Fr. 18,70 bis Fr. 27,70
- ●●●● Preisgruppe über DM 30,– bis DM 50,– S 241,– bis S 400,– Fr. 27,70 bis Fr. 46,–
- ●●●●● Preisgruppe über DM 50,–/S 401,–/Fr.46,–

*(unverbindliche Preisempfehlung)

Die Preise entsprechen dem Status beim Druck dieses Verzeichnisses (s. Seite 1) – Änderungen, im besonderen der Preise, vorbehalten –

Falken-Verlag GmbH · Postfach 1120 FALKEN **D-6272 Niedernhausen/Ts. · Tel.: 06127/7020**

Frisch und leicht als Hauptgericht
Schlemmersalate
(0934) Von C. Adam, 64 S., 49 Farbfotos, Pappband. ●

Köstlich frisch auf den Tisch
Rohkostsalate
(0865) Von C. Adam, 48 S., 26 Farbfotos, Pappband. ●

Raffiniert und gesund würzen
Kräuterküche
(0869) Von A. Görgens, 48 S.,43 Farbfotos, Pappband. ●

Kräuter- und Heilpflanzen-Kochbuch
für eine gesunde Lebensweise. (4066) Von P. Pervenche, 143 S., 15 Farbtafeln, kart. ●●

Joghurt, Quark, Käse und Butter
Schmackhaftes aus Milch hausgemacht. (0739) Von M. Bustorf-Hirsch, 32 S., 59 Farbabb., Pappband. ●

Alles mit Joghurt
tagfrisch selbstgemacht, mit vielen Rezepten. (0382) Von G. Volz, 88 S., 8 Farbt., kart. ●

Locker, flockig, leicht...
Müsli & Co
(0965) Von C. Adam, 64 S., 42 Farbfotos, Pappband. ●

Das richtige Frühstück
Gesunde Vollwertkost vitaminreich und naturbelassen. (0784) Von C. Kratzel, R. Böll, 32 S., 28 Farbfotos, Pappband. ●

Bärenstark und kerngesund
Vollwertkost für Kinder
(0968) Von S. Reiter, 64 S., 44 Farbfotos, Pappband. ●

Gesunde Ernährung für mein Kind
(0776) Von M. Bustorf-Hirsch, 112 S., 8 Farbtafeln, 5 s/w-Zeichnungen, kart. ●

Meine Vollkornküche
Herzhaftes von echtem Schrot und Korn (0858) Von S. Walz, 96 S., 8 Farbt., kart. ●

Die abwechslungsreiche Vollwertküche
Vitaminreich und naturbelassen kochen und backen. (4229) Von M. Bustorf-Hirsch, K. Siegel, 280 S., 31 Farbtafeln, 78 Zeichnungen, Pappband. ●●●●

Die verlockende Alternative
Süße Vollwertküche
(0936) Von A. Roßmeier, 64 S., 50 Farbfotos, Pappband. ●

Die gesunde Art, sich zu verwöhnen
Vollwertküche für Singles
(0937) Von A. Görgens, 64 S., 43 Farbfotos, Pappband. ●

Dinkel, Hirse, Roggenkorn...
Kerniges aus der Getreideküche
(0932) Von S. Frank, 64 S., 49 Farbfotos, Pappband. ●

Die feine Vollwertküche
(4286) Von M. Bustorf-Hirsch, 160 S., 83 Farbfotos, Pappband. ●●●

Mit Lust und Liebe...
Vollwertküche für Genießer
(4412) Von Prof. Dr. C. Leitzmann, H. Million, 256 S., 329 Farbfotos, Pappband. ●●●

Naturküche à la carte
(4406) Von M. Wissing, M. Kirsch, 160 S., 179 Farbfotos, Pappband. ●●●●

Biologische Ernährung
für eine natürliche und gesunde Lebensweise. (4125) Von G. Leibold, 136 S., 15 Farbtafeln, 47 Zeichnungen, kart. ●●

Vitaminreich und naturbelassen
Biologisch Kochen
(4162) Von M. Bustorf-Hirsch, K. Siegel, 144 S., 15 Farbtafeln, 31 Zeichn. kart. ●●

Gesund kochen
wasserarm · fettfrei · aromatisch. (4060) Von M. Gutta, 240 S., 16 Farbtafeln, 88 Abbildungen, Pappband. ●●●

Die feine Vegetarische Küche
(4235) Von F. Faist, 160 S., 191 Farbfotos, Pappband. ●●●

Würzig kochen ohne Salz
(0922) Von S. Roediger-Streubel, 160 S., 16 Farbtafeln, kart. ●●

Alternativ essen
Die gesunde Sojaküche.
(0553) Von U. Kolster, 112 S., 8 Farbt., kart. ●

Kochen mit Tofu
Die gesunde Alternative. (0894) Von U. Kolster, 80 S., 8 Farbtafeln, kart. ●

Gesund kochen mit Keimen und Sprossen
(0794) Von M. Bustorf-Hirsch, 96 S., 4 Farbtafeln, 13 s/w-Zeichnungen, kart. ●

Keime und Sprossen in der Naturküche
(4299) Von M. Bustorf-Hirsch, 96 S., 144 Farbfotos, Pappband. ●●

Backen mit Lust und Liebe
(4284) Von M. Schumacher, R. Krake, 242 S., 348 Farbfotos, 18 farb. Vignetten, 3 vierseitige Ausklapptafeln, Pappband. ●●●●

Tortenträume und Kuchenfantasien
Gebackene Köstlichkeiten originell dekoriert und verziert. (0823) Von F. Faist, 80 S., 150 Farbfotos, kart. ●●

Waffeln
Hörnchen, Pfannkuchen und Crêpes. (0522) Von C. Stephan, 64 S., 8 Farbtafeln, kart. ●

Mehr Freude und Erfolg beim
Brotbacken
(4148) Von A. und G. Eckert, 160 S., 177 Farbfotos, Pappband. ●●●

Selbst Brotbacken
Über 50 erprobte Rezepte. (0370) Von A. und G. Eckert, 80 S., 4 Zeichnungen, 4 Farbtafeln, kart. ●

Biologisch Backen
Neue Rezeptideen für Kuchen, Brote, Kleingebäck aus vollem Korn. (4174) Von M. Bustorf-Hirsch, 136 S., 15 Farbtafeln, 47 Zeichnungen, kart. ●●

Meine Vollkornbackstube
Brot · Kuchen · Aufläufe. (0616) Von R. Raffelt, 96 S., 4 Farbtafeln, 12 Zeichnungen, kart. ●

Mit Körnern, Zimt und Mandelkern
Vollkorngebäck
(0816) Von M. Bustorf-Hirsch, 48 S., 39 Farbfotos, Pappband. ●

Knusprig, kernig, urgesund **Vollkornbrot**
(0938) Von S. Reiter, 64 S., 46 Farbfotos, Pappband. ●

Weihnachtsbäckerei
Köstliche Plätzchen, Stollen, Honigkuchen und Festtagstorten. (0682) Von M. Sauerborn, 32 S., 34 Farbfotos, Pappband. ●

Meine Weihnachtsbackstube
(5163) Von M. Sauerborn, 32 S., 23 Farbfotos, mit Vorlagebogen in Originalgröße, kart. ●

Süße Verführungen **Desserts**
(0885) Von M. Bacher, 64 S., 75 Farbfotos, Pappband. ●

Süße Geheimnisse eiskalt gelüftet
Eis und Sorbets
(0870) Von H. W. Liebheit, 48 S., 38 Farbfotos, Pappband. ●

Zart schmelzende Versuchungen
Schokolade
(0819) Von J. Schroer, 48 S., 53 Farbfotos, Pappband. ●

Mitbringsel aus meiner Küche
selbst gemacht und liebevoll verpackt. (0668) Von C. Schönherr, 32 S., 30 Farbfotos, Pappband. ●

Marmeladen, Gelees und Konfitüren
Köstlich wie zu Omas Zeiten – einfach selbstgemacht. (0720) Von M. Gutta, 32 S., 23 Farbfotos, 1 Zeichnung, Pappband. ●

Einkochen
nach allen Regeln der Kunst. (0405) Von B. Müller, 128 S., 8 Farbtafeln, kart. ●

Einkochen, Einlegen, Einfrieren
(4055) Von B. Müller, 152 S., 27 s/w.-Abb., 16 Farbtafeln, kart. ●●

Haltbarmachen in der Öko-Küche
Gesunde Konservierungsmethoden für Obst, Gemüse, Kräuter und Pilze. (0932) Von M. Bustorf-Hirsch, 120 S., 92 Farbabb., kart. ●●

Komm, koch und back mit mir
Kunterbuntes Kochvergnügen für Kinder. (4285) Von S. und H. Theilig, illustriert von B. v. Hayek, 112 S., 45 Farbabb., Pappband. ●●

Garnieren und Verzieren
(4236) Von R. Biller, 160 S., 329 Farbfotos, 57 Zeichnungen, Pappband. ●●●

Köstlichkeiten für Gäste und Feste
Kalte Platten
(4200) Von I. Pfliegner, 160 S., 130 Farbfotos, Pappband. ●●●

Fein und raffiniert
Canapés und kleine Köstlichkeiten
(0963) Von H. Imhof, 64 S., 53 Farbfotos, Pappband. ●

Der schön gedeckte Tisch
Vom einfachen Gedeck bis zur Festtafel stimmungsvoll und perfekt arrangiert. (4246) Von H. Tapper, 112 S., 206 Farbfotos, 21 s/w-Abbildungen, Pappband. ●●●

Phantasievolle Tischdekorationen selber machen
(0984) Von Y. Thalheim, H. Nadolny, 80 S., 174 Farbfotos, 21 Zeichnungen, kart. ●●

Tischkarten dekorativ gestalten
aus allerlei Material für viele Anlässe (0946) Von H. York, 32 S., 108 Farbfotos, Pappband. ●

Servietten dekorativ falten
Geschmackvolle Anregungen aus Stoff und Papier. (0804) Von H. Tapper, 32 S., 134 Farbfotos, Pappband. ●

Die hier vorgestellten Bücher, Videokassetten und Software sind in folgende Preisgruppen unterteilt:

● Preisgruppe bis DM 10,–/S 79,–/Fr.10
●● Preisgruppe über DM 10,– bis DM 20,– S 80,– bis S 160,– Fr. 10,– bis Fr. 18,70.
●●● Preisgruppe über DM 20,– bis DM 30,– S 161,– bis S 240,– Fr. 18,70 bis Fr. 27,70
●●●● Preisgruppe über DM 30,– bis DM 50,– S 241,– bis S 400,– Fr. 27,70 bis Fr. 46,–
●●●●● Preisgruppe über DM 50,–/S 401,–/Fr.46,–
*(unverbindliche Preisempfehlung)

Die Preise entsprechen dem Status beim Druck dieses Verzeichnisses (s. Seite 1) – Änderungen, im besonderen der Preise, vorbehalten –

Falken-Verlag GmbH · Postfach 1120 FALKEN D-6272 Niedernhausen/Ts. · Tel.: 06127/7020

Tee für Genießer.
Sorten · Riten · Rezepte. (0356) Von M. Nicolin, 64 S., 4 Farbtafeln, kart. ●

Weinlexikon
Wissenswertes über die Weine der Welt. (4149) Von U. Keller, 228 S., 6 Farbtafeln, 395 s/w-Fotos, Pappband. ●●●

Weine und Säfte, Liköre und Sekt
selbstgemacht. (0702) Von P. Arauner, 232 S., 76 Abb., kart. ●●

Fruchtig, spritzig, eisgekühlt
Mixen ohne Alkohol
(0935) Von S. Späth, 64 S., 44 Farbfotos, Pappband. ●

Cocktails
(4267) Von W. R. Hoffmann, W. Hubert, U. Lottring, 160 S., 164 Farbfotos, 1 s/w-Foto, Pappband. ●●●

Cocktails und Mixereien
für häusliche Feste und Feiern. (0075) Von J. Walker, 96 S., 4 Farbtafeln, kart. ●

Neue Cocktails und Drinks
mit und ohne Alkohol. (0517) Von S. Späth, 128 S., 4 Farbtafeln, kart. ●

Die besten Punsche, Grogs und Bowlen
(0575) Von F. Dingden, 64 S., 4 Farbt., kart. ●

SLIM
Der neue, individuelle Schlankheitsplan (4277) Von Prof. Dr. E. Menden, W. Aign. 120 S., 440 Farbfotos, Pappband. ●●●

Schlank werden nach Dr. Hay **Trennkost**
Die bewährten Vollwert-Rezepte von Ursula Summ. (4298) Von U. Summ, 96 S., 54 Farbfotos, 1 Zeichnung, kart. ●●

Vitamine und Ballaststoffe
So ermittle ich meinen täglichen Bedarf (0746) Von Prof. Dr. M. Wagner, I. Bongartz, 96 S., 6 Farbfotos, zahlreiche farb. Tabellen, kart. ●

Kalorien – Joule
Eiweiß · Fett · Kohlenhydrate tabellarisch nach gebräuchlichen Mengen. (0374) Von M. Bormio, 88 S., kart. ●

Hobby und Freizeit

Falken-Handbuch
Zeichnen und Malen
(4167) Von B. Bagnall, 336 S., 1154 Farbabb., Pappband. ●●●●●

Das große farbige PLAKA-Buch
Malen und Basteln
(4402) Von H.-J. Giesecke, 192 S., 224 Farbfotos, 20 Farb- und 4 s/w-Zeichnungen, Pappband. ●●

Einmal grad und einmal krumm
Zeichenstunden für Kinder. (0599) Von H. Witzig, 144 S., 363 Abb. kart. ●

Punkt, Punkt, Komma, Strich
Zeichenstunden für Kinder. (0564) Von H. Witzig, 144 S., über 250 Zeichnungen, kart. ●

Kalligraphie
Die Kunst des schönen Schreibens (4263) Von C. Hartmann, 120 S., 44 Farbvorlagen, 29 s/w-Vorlagen, 2 s/w-Zeichnungen, 38 Farbfotos, Pappband. ●●●●

Aquarellmalerei
als Kunst und Hobby (4147) Von H. Haack, B. Wersche, 136 S., 62 Farbfotos, 119 Zeichnungen, Pappband. ●●●●

Aquarellmalerei leicht gelernt
Materialien · Techniken · Motive. (0787) Von T. Hinz, R. Braun, B. Zeidler, 32 S., 38 Farbfotos, 1 Zeichn., Pappband. ●

Hobby Aquarellmalen
Landschaft und Stilleben. (0876) Von I. Schade, A. Brück, 80 S., 111 Farbabb., kart. ●●

Videokassette
Hobby Aquarellmalen
Landschaft und Stilleben (6022) VHS, 40 Min., in Farbe, mit Begleitheft ●●●●*

Hobby Ölmalerei
Landschaft und Stilleben. (0875) Von H. Kämper, I. Becker, 80 S., 93 Farbabb., kart. ●●

Videokassette
Hobby Ölmalerei
Landschaft und Stilleben (6025) VHS, 40 Min., in Farbe, mit Begleitheft ●●●●*

Glasmalerei
als Kunst und Hobby. (4088) Von F. Krettek und S. Beeh-Lustenberger, 132 S., 182 Farbfo tos, 38 Motivvorlagen, Pappband. ●●●●

Bauernmalerei
als Kunst und Hobby. (4057) Von A. Gast, H. Stegmüller, 128 S., 239 Farbfotos, 26 Riß-Zeichnungen, Pappband. ●●●●

Hobby Bauernmalerei
(0436) Von S. Ramos und J. Roszak, 80 S., 116 Farbf. und 28 Motivvorlagen, kart. ●●

Seidenmalerei in Vollendung
(4414) Hrsg. von R. Smend, 160 S., 227 Farbfotos, 36 s/w-Fotos, geprägter Leineneinband mit Schutzumschlag, im Schuber, **DM 98,–**, S 784,–, Fr 90,20

Seidenmalerei als Kunst und Hobby
(4264) Von S. Hahn, 136 S., Farbabb., 1 s/w-Foto, Pappband. ●●●●

Hobby Seidenmalerei
(0611) Von R. Henge, 88 S., 106 Farbfotos, 28 Zeichnungen, kart. ●●

Neue zauberhafte Seidenmalerei
Motive und Anregungen aus der Natur. (0924) Von R. Henge, 80 S., 148 Farbfotos, 27 s/w-Zeichnungen, kart. ●●

Kunstvolle Seidenmalerei
Mit zauberhaften Ideen zum Nachgestalten. (0783) Von I. Demharter, 32 S., 56 Farbfotos, Pappband. ●

Zauberhafte Seidenmalerei
Materialien · Techniken · Gestaltungsvorschläge. (0664) Von E. Dorn, 32 S., 62 Farbfotos, Pappband. ●

Aquarellieren auf Seide
Materialien · Techniken · Motive. (0917) Von I. Demharter, 32 S., 41 Farbfotos, Pappband. ●

Seidenmalerei Landschaften
(5153) Von D. Kosik, 32 S., 50 Farbfotos, 12 Zeichnungen, mit Vorlagebogen in Originalgröße, kart. ●

Seidenmalerei Kissen
(5151) Von I. Demharter, 32 S., 42 Farbfotos, 2 Zeichnungen, mit Vorlagebogen in Originalgröße, kart. ●

Seidenmalerei Tücher und Schals
(5152) Von R. Henge, 32 S., 36 Farbfotos, 1 Zeichnung, mit Vorlagebogen in Originalgröße, kart. ●

Seidenmalerei Lampenschirme
(5154) Von I. Walter-Ammon, 32 S., 47 Farbfotos, 1 Zeichnung, mit Vorlagebogen in Originalgröße, kart. ●

Seidenmalerei Blüten, Blätter, Ranken
(5165) Von D. Kosik, 32 S., 35 Farbfotos, 4 Zeichnungen, mit Vorlagebogen in Originalgröße, kart. ●

Seidenmalerei Schmuckkarten und Miniaturbilder
(5166) Von I. Walter-Ammon, 32 S., 37 Farbfotos, 2 Zeichnungen, mit Vorlagebogen in Originalgröße, kart. ●

Falken-Handbuch **Häkeln**
ABC der Häkeltechniken und Häkelmuster in ausführlichen Schritt-für-Schritt-Bildfolgen. (4194) Von H. Fuchs, M. Natter, 288 S., 1073 Farbabb., Pappband. ●●●●

Das moderne Standardwerk von der Expertin
Perfekt Stricken
Mit Sonderteil Häkeln. (4250) Von H. Jaacks, 256 S., 703 Farbfotos, 169 Farb- und 121 s/w-Zeichnungen, Pappband. ●●●

Videokassette
Perfekt Stricken
Neue Techniken Schritt für Schritt vorgestellt von H. Jaacks, 51 Min., in Farbe, mit Begleitheft. ●●●●*

Falken-Handbuch **Stricken**
ABC der Stricktechniken und Strickmuster in ausführlichen Schritt-für-Schritt-Bildfolgen. (4137) Von M. Natter, 312 S., 106 Farb- und 922 s/w-Fotos, 318 Zeichnungen, Pappband. ●●●●

Hobby Patchwork und Quilten
(0768) Von B. Staub-Wachsmuth, 80 S., 108 Farbabb., 43 Zeichnungen, kart. ●●

Hobby Applikationen
Materialien · Techniken · Modelle (0899) Von H. Probst-Reinhardt, 80 S., 92 Farbfotos, 31 Zeichnungen, kart. ●●

Hobby Spitzencollagen
Bezaubernde Motive aus edlem Material. (0847) Von H. Westphal, 80 S., 186 Farbfotos, kart. ●●

Falken-Handbuch **Nähen**
Abc der Nähtechniken und kreative Modellschneiderei in ausführlichen Schritt-für-Schritt-Bildfolgen. (4272) Von A. Bree, 320 S., 1142 Abbildungen, Schnittmusterbogen für alle Modelle, Pappband. ●●●●

Kreatives Bilderweben
Materialien · Vorlagen · Motive (0814) Von A. Schulte-Huxel, 32 S., 58 Farbfotos, 8 Zeichnungen, Pappband. ●

Die schönsten Handarbeiten zum Verschenken
(4225) Von B. Wenzelburger, 128 S., 156 Farbfotos, 70 zweifarbige Zeichnungen, Pappband. ●●●●

Die hier vorgestellten Bücher, Videokassetten und Software sind in folgende Preisgruppen unterteilt:

● Preisgruppe bis DM 10,–/S 79,–/Fr.10
●● Preisgruppe über DM 10,– bis DM 20,– S 80,– bis S 160,– Fr. 10,– bis Fr. 18,70
●●● Preisgruppe über DM 20,– bis DM 30,– S.161,– bis S 240,– Fr. 18,70 bis Fr. 27,70
●●●● Preisgruppe über DM 30,– bis DM 50,– S 241,– bis S 400,– Fr. 27,70 bis Fr. 46,–
●●●●● Preisgruppe über DM 50,–/S 401,–/Fr.46,–
*(unverbindliche Preisempfehlung)

Die Preise entsprechen dem Status beim Druck dieses Verzeichnisses (s. Seite 1) – Änderungen, im besonderen der Preise, vorbehalten –

Zauberhafte alte Puppen
Sammeln · Restaurieren · Nachbilden
(4255) Von C.A. Stanton, J. Jacobs, 120 S., 157 Farbfotos, 24 Zeichnungen, Pappband. ●●●●

Hobby Puppen
Bezaubernde Modelle selbst gestalten.
(0742) Von B. Wenzelburger, 88 S., 163 Farbfotos, 41 Zeichn., 11 Schnittmuster, kart. ●●

Selbstgestrickte Puppen
Materialien und Arbeitsanleitungen.
(0638) Von B. Wehrle, 32 S., 21 Farbfotos, 24 Zeichnungen, Pappband. ●

Kuscheltiere stricken und häkeln
Arbeitsanleitungen und Modelle. (0734) Von B. Wehrle, 32 S., 60 Farbfotos, 28 Zeichnungen, Spiralbindung. ●

Phantasiepuppen stricken und häkeln
Märchenhafte Modelle mit Arbeitsanleitungen. (0813) Von B. Wehrle, 32 S., 26 Farbfotos, 46 Zeichnungen, Pappband. ●

Dekorative Rupfenpuppen
Arbeitsanleitungen und Gestaltungsvorschläge. (0733) Von B. Wenzelburger, 32 S., 57 Farbfotos, 14 Zeichnungen, Spiralbindung. ●

Teddybären
Sechs beliebte Modelle
(5159) Von Y. Thalheim, H. Nadolny, 32 S., 46 Farbfotos, 9 Zeichnungen, mit Vorlagebogen in Originalgröße, kart. ●

Heißgeliebte Teddybären
Selbermachen · Sammeln · Restaurieren.
(0900) Von H. Nadolny, Y. Thalheim, 80 S., 119 Farbfotos, 23 s/w-Zeichnungen, 14 S. Schnittmusterbogen, kart. ●●

Hobby Salzteig
(0662) Von I. Kiskalt, 80 S., 150 Farbfotos, 5 Zeichnungen, Schablonen, kart. ●●

Neue zauberhafte Salzteig-Ideen
(0719) Von I. Kiskalt, 80 S., 324 Farbfotos, 12 Zeichnungen, Schablonen, kart. ●●

Kreatives Gestalten mit Salzteig
Originelle Motive für Fortgeschrittene.
(0769) Hrsg. I. Kiskalt, 80 S., 168 Farbfotos, kart. ●●

Originell und dekorativ
Salzteig mit Naturmaterialien
(0833) Von A. und H. Wegener, 80 S., 166 Farbfotos, kart. ●●

Salzteig kinderleicht
(0973) Von I. Kiskalt, 80 S., 224 Farbfotos, 8 Zeichnungen, kart. ●●

Gestalten mit Salzteig
formen · bemalen · lackieren. (0613) Von W.-U. Cropp, 32 S., 56 Farbfotos, 17 Zeichnungen, Pappband. ●

Videokassette
Hobby Salzteig
(6010) VHS. in Farbe, 35 Min., mit Begleitheft. ●●●

Schöne Sachen modellieren
Originelles aus Cernit – ideenreich gestaltet.
(0762) Von G. Thelen, 32 S., 105 Farbfotos, Pappband. ●

Töpfern
als Kunst und Hobby. (4073) Von J. Fricke, 132 S., 37 Farbfotos, 222 s/w-Fotos, Pappband. ●●●●

Kreatives Gestalten mit Ton
Töpfern ohne Scheibe – Aufbaukeramik
(0896) Von A. Riedinger, 80 S., 207 Farbfotos, 16 Zeichnungen, 7 Vignetten, kart. ●●

Hobby Glaskunst in Tiffany-Technik
(0781) Von N. Köppel, 80 S., 194 Farbfotos, 6 s/w-Abb., kart., ●●

Tiffany-Lampen selbermachen
Arbeitsanleitung · Materialien · Modelle.
(0684) Von I. Spliethoff, 32 S., 60 Farbfotos, 19 Zeichnungen, Pappband. ●

Tiffany-Spiegel selbermachen
Materialien · Arbeitsanleitung · Vorlagen.
(0761) Von R. Thomas, 32 S., 53 Farbabb., Pappband. ●

Fensterbilder in Tiffany-Technik
(5168) Von P. Matz, 32 S., 43 Farbfotos, mit Vorlagebogen in Originalgröße, kart. ●

Tiffany-Schmuck selbermachen
Materialien · Arbeitsanleitungen · Modelle.
(0871) Von B. Poludniak, H. W. Scheib, 32 S., 55 Farbfotos, Pappband. ●

Tiffany-Technik
und andere kunstvolle Arbeiten in Glas
(0972) Von. D. Köhnen, 80 S., 176 Farbfotos, 5 s/w-Zeichnungen, kart. ●●

Tiffany-Gürtelschnallen
(5160) Von G.G. Scheib, R. Grella, 32 S., 52 Farbfotos, 1 Zeichnung, mit Vorlagebogen in Originalgröße, kart. ●

Schmuck, Accessoires und Dekoratives
aus Fimo modelliert. (0873) Von A. Aurich, 32. S., 54 Farbfotos, Pappband. ●

Modeschmuck mit Federn und Straß
(5167) Von J. Niemeier, 32 S., 41 Farbfotos, mit Vorlagebogen in Originalgröße, kart. ●

Exklusiver Modeschmuck
aus dem eigenen Atelier
(0925) Von J. Niemeier, J. Klein, 80 S., 141 Farbfotos, 25 Zeichnungen, kart. ●●

Gestalten mit Glasperlen
fädeln · sticken · weben (0640) Von A. Köhler, 32 S., 55 Farbfotos, Spiralbindung. ●

Masken
phantasievoll dekorieren
(5155) Von Chr. Familler, 32 S., 48 Farbfotos, mit Vorlagebogen in Originalgröße, kart. ●

Bastelspaß mit der Laubsäge
Mit Schnittmusterbogen für viele Modelle in Originalgröße. (0741) Von L. Giesche, M. Bausch, 32 S., 61 Farbfotos, 7 Zeichnungen, Schnittmusterbogen, Pappband. ●

Strohschmuck selbstgebastelt
Sterne, Figuren und andere Dekorationen
(0740) Von E. Rombach, 32 S., 60 Farbfotos, 17 Zeichnungen, Pappband. ●

Hobby Drachen
bauen und steigen lassen. (0767) Von W. Schimmelpfennig, 80 S., 1 dreiseitige Ausklapptafel, 55 Farbfotos, 139 Zeichnungen kart. ●●

Drachen
Einfache Modelle für Kinder
(5156) Von W. Schimmelpfennig, 32 S., 11 Farbfotos, 31 Zeichnungen, mit Vorlagebogen in Originalgröße, kart. ●

Das große farbige
Bastelbuch für Kinder
(4254) Von U. Barff, I. Burkhardt, J. Maier. 224 S., 157 Farbfotos, 430 Farb- und 60 s/w-Zeichnungen, mit Schnittmusterbogen, Pappband. ●●●

Videokassette
Basteln mit Kindern
(6041) VHS, 60 Min., in Farbe, mit Begleitheft, ●●●●*

Heut basteln wir mit Pappe und Papier
(4413) Von U. Barff, J. Maier, 224 S., 117 Farbfotos, 480 Farbzeichnungen, 25 s/w-Abbildungen, mit Schnittmusterbogen, Pappband. ●●●

Hobby Origami
Papierfalten für groß und klein.
(0756) Von Z. Aytüre-Scheele, 80 S., 820 Farbfotos, kart. ●●

Neue zauberhafte Origami-Ideen
Papierfalten für groß und klein.
(0805) Von Z. Aytüre-Scheele, 80 S., 720 Farbfotos, kart. ●●

Origami –
Die Kunst des Papierfaltens. (0280) Von R. Harbin, 112 S., 633 Zeichnungen, 9 Fotos, kart. ●

Schritt für Schritt zum Scherenschnitt
Materialien · Techniken · Gestaltungsvorschläge. (0732) Von H. Klingmüller, 32 S., 38 Farbfotos, 34 Vorlagen, Pappband. ●

Fensterbilder in Scherenschnitt
(5169) Von A. Hahn, 32 S., 52 Farbfotos, 3 s/w-Fotos, mit Vorlagebogen in Originalgröße, kart. ●

Fensterbilder aus Papier
(5158) Von E. Rüscher, 32 S., 39 Farbfotos, 5 Zeichnungen, mit Vorlagebogen in Originalgröße, kart. ●

Papierflieger
(5157) Von T. Gött, 32 S., 73 Farbfotos, 19 Zeichnungen, mit Vorlagebogen in Originalgröße, kart. ●

Schachteln basteln und dekorieren
(5170) Von Chr. Adjano, 32 S., 55 Farbfotos, mit Vorlagebogen in Originalgröße, kart. ●

Deco Art
Die Kunst, Geschenke zu verpacken
(0949) Von B. Niermann, 80 S., 78 Farbfotos, 191 Zeichnungen, kart. ●●

Tischkarten dekorativ gestalten
aus allerlei Material für viele Anlässe
(0946) Von H. York, 32 S., 108 Farbfotos, Pappband. ●

Altes Brauchtum neu entdeckt
Schmuck-Eier
Kunstvoll gestalten und verzieren. (0919) Von I. Kiskalt, 32 S., 45 Farbfotos, 3 s/w-Zeichnungen, Pappband. ●

Basteln für Ostern
(5164) Von Chr. Adjano, 32 S., 47 Farbfotos, mit Vorlagebogen in Originalgröße, kart. ●

Alle Jahre wieder…
Advent und Weihnachten
Basteln, Backen, Schmücken, Singen, Vorlesen, Feiern.
(4260) Von H. und Y. Nadolny, 256 S., 105 Farbfotos, 130 Zeichn., Pappband. ●●●

Die hier vorgestellten Bücher, Videokassetten und Software sind in folgende Preisgruppen unterteilt:

● Preisgruppe bis DM 10,–/S 79,–/Fr.10
●● Preisgruppe über DM 10,– bis DM 20,–, S 80,– bis S 160,–, Fr. 10,– bis Fr. 18,70
●●● Preisgruppe über DM 20,– bis DM 30,–, S 161,– bis S 240,–, Fr. 18,70 bis Fr. 27,70
●●●● Preisgruppe über DM 30,– bis DM 50,–, S 241,– bis S 400,–, Fr. 27,70 bis Fr. 46,–
●●●●● Preisgruppe über DM 50,–/S 401,–/Fr.46,–
*(unverbindliche Preisempfehlung)

Die Preise entsprechen dem Status beim Druck dieses Verzeichnisses (s. Seite 1) – Änderungen, im besonderen der Preise, vorbehalten –

Basteln für Weihnachten
(5162) Von Chr. Adjano, 32 S., 44 Farbfotos, mit Vorlagebogen in Originalgröße, kart. ●

Weihnachtsbasteleien
Advents- und Weihnachtsschmuck für groß und klein
(0667) Von M. Kühnle und S. Beck, 32 S., 56 Farbfotos, 6 Zeichnungen, Pappband. ●

Feuerzeichen behaglicher Wohnkultur
Kachelöfen, Kamine und Kaminöfen
(4288) Hrsg. von C. Berninghaus. Von R. Heinen, G. Kosicek, H.P. Sabborrosch, 168 S., 291 Farbfotos, 2 s/w-Fotos, 8 Zeichnungen, Pappband. ●●●●

Garagentore selbst bemalt
Techniken und Motive.(0786) Von H. und Y. Nadolny, 32 S., 34 Farbfotos, 12 s/w-Zeichnungen, Pappband. ●

Falken Handbuch
Heimwerken
Reparieren und Selbermachen im Haus und Wohnung – über 1100 Farbfotos. Praktische Tips vom Profi: Selbermachen, Reparieren, Renovieren, Kostensparen. (4117) Von Th. Pochert, 440 S., 1103 Farbfotos, 100 ein- und zweifarbige Abb., Pappband. ●●●●

Restaurieren von Möbeln
Stilkunde, Materialien, Techniken, Arbeitsanleitungen in Bildfolgen.
(4120) Von E. Schnaus-Lorey, 152 S., 37 Farbfotos, 75 s/w-Fotos, 352 Zeichnungen, Pappband. ●●●●

Möbel aufarbeiten, reparieren und pflegen
(0386) Von E. Schnaus-Lorey, 96 S., 28 Fotos, 101 Zeichnungen, kart. ●

FALKEN-Heimwerker-Praxis
Kleinmöbel aus Holz
(0905) Von O. Maier, 128 S., 210 Farbfotos, 80 Zeichnungen, kart. ●●

FALKEN-Heimwerker-Praxis
Tapezieren
(0743) Von W. Nitschke, 112 S., 186 Farbfotos, 9 Zeichnungen, kart. ●●

FALKEN-Heimwerker-Praxis
Anstreichen und Lackieren
(0771) Von P. Müller, 120 S., 196 Farbfotos, 2 s/w-Fotos, 3 Zeichnungen, kart. ●●

FALKEN-Heimwerker-Praxis
Elektroarbeiten
(0975) Von K.H. Schubert, 120 S., 193 Farbfotos, 40 Zeichnungen, kart. ●●

FALKEN-Heimwerker-Praxis
Fahrrad-Reparaturen
(0796) Von R. van der Plas, 112 S., 140 Farbfotos, 113 farbige Zeichnungen, kart. ●●

Ikebana
Einführung in die japanische Kunst des Blumensteckens. (0548) Von G. Vocke, 152 S., 47 Farbfotos, kart. ●●

Blütenbilder aus Blumen und Blättern
Phantasievolle Naturcollagen.
(0872) Von G. Schamp, 32 S., 57 Farbfotos, 1 Zeichnung, Pappband. ●

Hobby Gewürzsträuße
und zauberhafte Gebinde nach Salzburger Art. (0726) Von A. Ott, 80 S., 101 Farbfotos, 51 farbige Zeichnunen, kart. ●●

Hobby Trockenblumen
Gewürzsträuße, Gestecke, Kränze, Buketts. (0643) Von R. Strobel-Schulze, 88 S., 170 Farbfotos, kart. ●●

Neue zauberhafte Trockenblumen-Ideen
(0821) Von R. Strobel-Schulze, 80 S., 163 Farbfotos, kart. ●●

Mit vollem Genuß
Pfeife rauchen
Alles über Tabaksorten, Pfeifen und Zubehör. (4227) Von H. Behrens, H. Frickert, 168 S., 127 Farbfotos, 18 Zeichn., Pappband. ●●●●

Pfeiferauchen leicht gemacht
Die richtige Art, Tabak zu genießen
(1026) Von O. Pollner, Ca. 112 S., ca. 120 Farbfotos, ca. 4 s/w-Abb., kart. ●●

Münzen
Ein Brevier für Sammler. (0353) Von E. Dehnke, 128 S., 4 Farbtafeln, 17 s/w-Abb., kart. ●●

Die Fazination der Philatelie
Briefmarken sammeln
(4273) Von D. Stein, 212 S., 124 s/w-Fotos, 24 Farbtafeln, Pappband. ●●●

Briefmarken
sammeln für Anfänger. (0481) Von D. Stein. 120 S., 4 Farbtafeln, 98 s/w-Abb., kart. ●

Freizeit mit dem Mikroskop
(0291) Von M. Deckart, 132 S., 8 Farbtafeln, 64 s/w-Abb., 2 Zeichnungen, kart. ●●

Astronomie im Bild
Unser Sternenhimmel rund ums Jahr
(0849) Von Dr. E. Übelacker, 88 S., 48 Farbfotos, 1 s/w-Foto, 68 Farbzeichn., kart. ●●

Astronomie als Hobby
Sternbilder und Planeten erkennen und benennen. (0572) Von D. Block, 176 S., 16 Farbtafeln, 49 s/w-Fotos, 93 Zeichnungen, kart. ●●

Moderne Fotopraxis
(4401) Von G. Koshofer, Prof. H. Wedewardt, 224 S., 363 Farbfotos, 106 s/w-Fotos, 5 Farb- und 24 s/w-Zeichnungen, Pappband. ●●●

Mach dir ein Bild
Praxistips für Foto, Film und Video
(4410) Von G. Staab, 208 S., 202 Farbfotos, 175 s/w-Fotos, 1 Zeichnung, Pappband. ●●●

So macht man bessere Fotos
Das meistverkaufte Fotobuch der Welt.
(0614) Von M. L. Taylor, 192 S., 457 Farbfotos, 8 s/w-Fotos, 7 Zeichnungen, kart. ●●

Aktfotografie
Interpretationen zu einem unerschöpflichen Thema. Gestaltung · Technik · Spezialeffekte. (0737) Von H. Wedewardt, 88 S., 144 Farb- und 6 s/w-Fotos, 6 Zeichnungen, kart. ●●

Videokassette
Aktfotografie
Gestaltung, Technik, Spezialeffekte
(6001) VHS, Laufzeit 60 Min., mit Begleitheft, in Farbe. ●●●●●*

Videografieren
Filmen mit Video 8. Technik – Bildgestaltung – Schnitt – Vertonung. (0843) Von M. Wild, K. Möller, 120 S., 101 Farbfotos, 22 s/w-Fotos, 52 Zeichnungen, kart. ●●

Videokassette
Videografieren
Filmen mit Video 8. Technik – Bildgestaltung - Schnitt - Vertonung. (6031) VHS, (6033) Beta, (6034) Video 8, 60 Min., in Farbe, mit Begleitheft. ●●●●●*

Videografieren perfekt
Profitricks für Aufnahmetechnik und Nachbearbeitung
(0969) Von W. Schild, 120 S., 133 Farbabb., 4 s/w-Zeichnungen, kart. ●●●

Videokassette
Videografieren perfekt
(6042) VHS, (6043) Beta, (6044) Video 8, 60 Min., in Farbe, mit Begleitheft, ●●●●●*

Schmalfilmen
Ausrüstung · Aufnahmepraxis · Schnitt · Ton. (0342) Von U. Ney, 108 S., 4 Farbtafeln, 25 s/w-Fotos, kart. ●

Schmalfilme selbst vertonen
(0593) Von U. Ney, 96 S., 57 s/w-Fotos, 14 Zeichnungen, kart. ●

Anlagenbau in Modultechnik
für Modelleisenbahnen und Dioramen.
(0845) Von J. Thal, 104 S., 68 Farbfotos, 28 Zeichnungen, kart. ●●●

Videokassette
Die Modelleisenbahn
Anlagenbau in Modultechnik. Neue kreative Gestaltung. Neue raffinierte Techniken. (6028) VHS, 30 Min., in Farbe, ●●●●*

Kleine Welt auf Rädern
Das faszinierende Spiel mit **Modelleisenbahnen** (4175) Von F. Eisen, 256 S., 72 Farb- und 180 s/w-Fotos, 25 Zeichnungen, Pappband. ●●●

Flugmodelle
bauen und einfliegen. (0361) Von W. Thies und W. Rolf, 160 S., 63 Abb., 7 Faltpläne, kart. ●●

Die Super-Sportwagen der Welt
(4423) Von H.G. Isenberg, 194 S., 184 Farbfotos, 4 farbige Ausklapptafeln, 32 s/w-Fotos, Pappband. ●●●●

Die Super-Trucks der Welt
(4257) Von H. G. Isenberg, 194 S., 205 Farbfotos, 87 s/w-Fotos, 7 Farbzeichnungen, 4 farb. Ausklapptafeln, Pappband. ●●●●

Die Super-Motorräder der Welt
(4193) Von H. G. Isenberg, 192 S., 170 Farb- und 100 s/w-Fotos, 8 Zeichnungen, Pappband. ●●●●

Die Super-Eisenbahnen der Welt
(4287) Von W. Kosak, H. G. Isenberg, 224 S., 269 Farbfotos, 79 s/w-Fotos, 8 Vignetten, 5 farb. Ausklapptafeln, Pappband. ●●●●

Elektronik als Hobby
Von der Grundlagenschaltung zum integrierten Schaltkreis
Mit 8 wichtigen Universalplatinen
(4293) Von W. Priesterath, 264 S., 80 s/w-Fotos, 128 Zeichn., Pappband. ●●●

Die hier vorgestellten Bücher, Videokassetten und Software sind in folgende Preisgruppen unterteilt:

● Preisgruppe bis DM 10,–/S 79,–/Fr.10
●● Preisgruppe über DM 10,– bis DM 20,– S 80,– bis S 160,– Fr. 10,– bis Fr. 18,70
●●● Preisgruppe über DM 20,– bis DM 30,– S 161,– bis S 240,– Fr. 18,70 bis Fr. 27,70
●●●● Preisgruppe über DM 30,– bis DM 50,– S 241,– bis S 400,– Fr. 27,70 bis Fr. 46,–
●●●●● Preisgruppe über DM 50,–/S 401,–/Fr.46,–
*(unverbindliche Preisempfehlung)

Die Preise entsprechen dem Status beim Druck dieses Verzeichnisses (s. Seite 1) – Änderungen, im besonderen der Preise, vorbehalten –

Sport und Fitneß

Neue Lehrmethoden der Judo-Praxis
(0424) Von P. Herrmann, 223 S., 475 Abb., kart. ●●

Judo
Grundlagen - Methodik. (0305) Von M. Ohgo, 208 S., 1025 Fotos, kart. ●●

Fußwürfe
für Judo, Karate und Selbstverteidigung. (0439) Von H. Nishioka, übers. von H.J. Heese, 96 S., 260 Abb., kart. ●

Modernes Karate
Das große Standardwerk mit 2279 Abbildungen. (4280) Von T. Okazaki, Dr. med. M. V. Stricevic, übers. von M. Pabst, 376 S., 2279 s/w-Abb., Pappband. ●●●●●

Nakayamas Karate perfekt 1
Einführung. (0487) Von M. Nakayama, 136 S., 605 s/w-Fotos, kart. ●●

Nakayamas Karate perfekt 2
Grundtechniken. (0512) Von M. Nakayama, 136 S., 354 s/w-Fotos, 53 Zeichn., kart. ●●

Nakayamas Karate perfekt 3
Kumite 1: Kampfübungen. (0538) Von M. Nakayama, 128 S., 424 s/w-Fotos, kart. ●●

Nakayamas Karate perfekt 4
Kumite 2: Kampfübungen. (0547) Von M. Nakayama, 128 S., 394 s/w-Fotos, kart. ●●

Nakayamas Karate perfekt 5
Kata 1: Heian, Tekki. (0571) Von M. Nakayama, 144 S., 1229 s/w-Fotos, kart. ●●

Nakayamas Karate perfekt 6
Kata 2: Bassai-Dai, Kanku-Dai, (0600) Von M. Nakayama, 144 S., 1300 s/w-Fotos, 107 Zeichnungen, kart. ●●

Nakayamas Karate perfekt 7
Kata 3: Jitte, Hangetsu, Empi. (0618) Von M. Nakayama, 144 S., 1988 s/w-Fotos, 105 Zeichnungen, kart. ●●

Nakayamas Karate perfekt 8
Gankaku, Jion. (0650) Von M. Nakayama, 144 S., 1174 s/w-Fotos, 99 Zeichnungen, kart. ●●

Karate für alle
Karate-Selbstverteidigung in Bildern. (0314) Von A. Pflüger, 112 S., 356 s/w-Fotos, kart. ●

Fit mit **Karate**
(2308) Von A. Pflüger, 96 S., 134 Farbfotos, 4 s/w-Zeichnungen, kart. ●●

25 Shotokan-Katas
Auf einen Blick: Karate–Katas für Prüfungen und Wettkämpfe. (0859) Von A. Pflüger, 88 S., 185 s/w-Abb., 24 ganzseitige Tafeln mit über 1.600 Einzelschritten, kart. ●●

Kontakt-Karate
Ausrüstung · Technik · Training. (0396) Von A. Pflüger, 112 S., 238 s/w-Fotos, kart. ●●

Karate-Do
Das Handbuch des modernen Karate. (4028) Von A. Pflüger, 360 S., 1159 Abb., Pbd. ●●●●

Bo-Karate
Habo-Jitsu – die Techniken des Stockkampfes. (0447) Von G. Stiebler, 176 S., 424 s/w-Fotos, 38 Zeichnungen, kart. ●●

Videokassette
Karate
Einführung und Grundtechniken. (6037) VHS, 45 Min., in Farbe, mit Begleitheft. ●●●●●*

Karate 1
Einführung · Grundtechniken. (0227) Von A. Pflüger, 144 S., 195 s/w-Fotos, 120 Zeichnungen, kart. ●

Karate 2
Kombinationstechniken · Katas. (0239) Von A. Pflüger, 176 S., 452 s/w-Fotos und Zeichnungen,kart. ●

Karate Kata 1
Heian 1–5, Tekki 1, Bassai Dai. (0683) Von W.-D. Wichmann, 164 S., 703 s/w-Fotos, kart. ●●

Karate Kata 2
Jion, Empi, Kanku-Dai, Hangetsu. (0723) Von W.-D. Wichmann, 140 S., 661 s/w-Fotos, 4 Zeichnungen, kart. ●●

Der König des Kung-Fu
Bruce Lee
Sein Leben und Kampf. (0392) Von L. Lee, 136 S., 104 s/w-Fotos, kart. ●●

Bruce Lees Kampfstil 1
Grundtechniken. (0473) Von B. Lee, M. Uyehara, 109 S., 220 Abb., kart. ●

Bruce Lees Kampfstil 2
Selbstverteidigungs-Techniken. (0486) Von B. Lee, M. Uyehara, 128 S., 310 Abb., kart. ●

Bruce Lees Kampfstil 3
Trainingslehre. (0503) Von B. Lee, M. Uyehara, 112 S., 246 Abb., kart. ●

Bruce Lees Kampfstil 4
Kampftechniken. (0523) Von B. Lee, M. Uyehara, 104 S., 211 Abb., kart. ●

Kung-Fu 1
Legende · Philosophie · Grundtechniken (0891) Von Chr. Yim, 152 S., 401 s/w-Fotos, 2 s/w-Zeichnungen, kart. ●●

Kung-Fu und Tai-Chi
Grundlagen und Bewegungsabläufe. (0367) Von B. Tegner, 182 S., 370 s/w-Fotos, kart. ●●

Kung-Fu
Theorie und Praxis klassischer und moderner Stile. (0376) Von M. Pabst, 160 S., 330 Abb., kart. ●●

Bruce Lees Jeet Kune Do
(0440) Von B. Lee, 192 S., mit 105 eigenhändigen Zeichnungen von B. Lee, kart. ●●

Shaolin-Kempo – Kung-Fu
Chinesisches Karate im Drachenstil. (0395) Von R. Czerni, K. Konrad, 246 S., 723 Abb., kart. ●●

Kickboxen
Fitneßtraining und Wettkampfsport. (0795) Von G. Lemmens, 96 S., 208 s/w-Fotos, 23 Zeichnungen, kart. ●●

Ninja 1
Die Lehre der Schattenkämpfer. (0758) Von S.K. Hayes, übers. von J. Schmit, 144 S., 137 s/w-Fotos, kart. ●●

Ninja 2
Die Wege zum Shoshin (0763) Von S.K. Hayes, übers. von J. Schmit, 160 S., 309 s/w-Fotos, 2 Zeichnungen, kart. ●●

Ninja 3
Der Pfad des Togakure-Kämpfers. (0764) Von S.K. Hayes, übers. von J. Schmit, 144 S., 197 s/w-Fotos, 2 Zeichnungen, kart. ●●

Ninja 4
Das Vermächtnis der Schattenkämpfer. (0807) Von S.K. Hayes, übers. von J. Schmit, 196 S., 466 s/w-Fotos, kart. ●●

Ju-Jutsu als Wettkampf
(0826) Von G. Kulot, 168 S., 418 s/w-Fotos, 2 Zeichnungen, kart. ●●

Ju-Jutsu 1
Grundtechniken - Moderne Selbstverteidigung. (0276) Von W. Heim, F.J. Gresch, 164 S., 450 s/w-Fotos, 8 Zeichn., kart. ●

Ju-Jutsu 2
für Fortgeschrittene und Meister. (0378) Von W. Heim, F. J. Gresch, 160 S., 798 s/w-Fotos, kart. ●●

Ju-Jutsu 3
Spezial-, Gegen- und Weiterführungs-Techniken · Stockkampfkunst. (0485) Von W. Heim, F.J. Gresch, 200 S., über 600 s/w-Fotos, kart. ●●

Shuriken · Tonfa · Sai
Stockfechten und andere bewaffnete kampfsportarten aus Fernost. (0397) Von A. Schultz, 96 S., 253 s/w-Fotos, kart. ●●

Illustriertes Handbuch des Taekwondo
Koreanische Kampfkunst und Selbstverteidigung. (4053) Von K. Gil, 248 S., 1026 Abb., Pappband. ●●●

Taekwondo perfekt 1
Die Formenschule bis zum Blaugurt. (0890) Von K. Gil, Kim Chul-Hwan, 176 S., 439 s/w-Fotos, 107 Zeichnungen, kart. ●●

Taekwondo perfekt 2
Die Formenschule vom Blau- bis zum Schwarzgurt (0976) Von K. Gil, K. Chul-Hwan, 192 S., 461 s/w-Fotos, 112 Zeichnungen, kart. ●●

Taekwon-Do
Koreanischer Kampfsport. (0347) Von K. Gil, 152 S., 408 Abb., kart. ●●

Aikido
Lehren und Techniken des harmonischen Weges. (0537) Von R. Brand, 280 S., 697 Abb., kart. ●●

Hap Ki Do
Grundlagen und Techniken koreanischer Selbstverteidigung. (0379) Von Kim Sou Bong, 112 S., 153 Abb., kart. ●●

Dynamische Tritte
Grundlagen für den Zweikampf. (0438) Von C. Lee, 96 S., 398 s/w-Fotos, 10 Zeichnungen, kart. ●●

Selbstverteidigung
Abwehrtechniken für Sie und Ihn (0853) Von E. Deser, 96 S., 259 s/w-Fotos, kart. ●

Die Faszination athletischer Körper
Bodybuilding
mit Weltmeister Ralf Möller. (4281) Von R. Möller, 128 S., 169 Farbfotos, 14 s/w-Fotos, 1 Farbzeichn., Pappband. ●●●●

Die hier vorgestellten Bücher, Videokassetten und Software sind in folgende Preisgruppen unterteilt:

● Preisgruppe bis DM 10,–/S 79,–/Fr.10
●● Preisgruppe über DM 10,– bis DM 20,– S 80,– bis S 160,– Fr. 10,– bis Fr. 18,70
●●● Preisgruppe über DM 20,– bis DM 30,– S 161,– bis S 240,– Fr. 18,70 bis Fr. 27,70
●●●● Preisgruppe über DM 30,– bis DM 50,– S 241,– bis S 400,– Fr. 27,70 bis Fr. 46,–
●●●●● Preisgruppe über DM 50,–/S 401,–/Fr.46,–
*(unverbindliche Preisempfehlung)

Die Preise entsprechen dem Status beim Druck dieses Verzeichnisses (s. Seite 1) – Änderungen, im besonderen der Preise, vorbehalten –

Bodyshaping · Bodybuilding
Mit Anja Albrecht zur Idealfigur. (4405) Von A. Albrecht, 128 S., 164 Farbfotos, 4 s/w-Fotos, 1 Farb- und 1 s/w-Zeichnung, Pappband. ●●●●

Ladyfitneß
Das neue Körperbewußtsein der Frau Bodyshaping · Körperpflege · Ernährung · Entspannung
(4433) Von Prof. Dr. S. Starischka, B. Grabis, D. von Gramm, G.W. Kienitz, ca. 128 S., ca. 113 Farbfotos, Pappband. ●●●

Bodybuilding für Frauen
Wege zu Ihrer Idealfigur (0661) Von H. Schulz, 112 S., 84 s/w-Fotos, 4 Zeichnungen, kart. ●●

Bodybuilding
Anleitung zum Muskel- und Konditionstraining für sie und ihn.
(0604) Von R. Smolana, 160 S., 171 s/w-Fotos, kart. ●

Muskeltraining mit Hanteln
Leistungssteigerung für Sport und Fitness. (0676) Von H. Schulz, 104 S., 92 s/w-Fotos, 2 Zeichnungen, kart. ●

Hanteltraining zu Hause
(0800) Von W. Kieser, 80 S., 71 s/w-Fotos, 4 Zeichnungen, kart. ●

Leistungsfähiger durch Krafttraining
Eine Anleitung für Fitness-Sportler, Trainer und Athleten (0617) Von W. Kieser, 96 S., 20 s/w-Fotos, 62 Zeichnungen, kart. ●

Fit und gesund
Fitneßtraining und Bodybuilding zu Hause. Trainingsprogramme für Ihr Wohlbefinden. (0782) Von Prof. Dr. S. Starischka, 80 S., 100 Farbfotos, 3 Zeichnungen, kart. ●●

Videokassette
Fit und gesund Körpertraining und Bodybuilding für zu Hause
(6013) VHS, 30 Min., mit Begleitheft, in Farbe. ●●●●*

Optimale Ernährung
für Krafttraining und Budybuilding. (0912) Von B. Dahmen, 88 S., 8 Farbtafeln, 8 Zeichnungen, kart. ●

Fit mit **Bio-Training**
für Kraft, Ausdauer und Schnelligkeit (2310) Von L. Spitz, 112 S., 197 Farbfotos, 11 Farb- und 4 s/w-Zeichnungen, kart. ●●

Top-Form im Sport
Ernährungs-Training
Das Erfolgsprogramm für den Ausdauersportler. (0945) Von M. Inzinger, Dipl.-Oec. troph. G. Wagner, 160 S., 31 Farbzeichnungen, 16 Grafiken, kart. ●●

Gesund und fit durch **Konditionsübungen und Wirbelsäulengymnastik**
(0844) Von R. Milser u. K. Grafe, 104 S., 99 Farbfotos, 12 Farbzeichnungen, 5 s/w-Zeichnungen, kart. ●●

Fit mit **Tai Chi**
als sanfte Körpererfahrung (2305) Von B. u. K. Moegling, 112 S., 121 Farbfotos, 6 Farb- u. 4 s/w-Zeichnungen, kart. ●●

Isometrisches Training
Übungen für Muskelkraft und Entspannung. (0529) Von L. M. Kirsch, 140 S., 162 s/w-Fotos, kart. ●●

Stretching
Mit Dehnungsgymnastik zu Entspannung. Geschmeidigkeit und Wohlbefinden. (0717) Von H. Schulz, 80 S., 90 s/w-Fotos, kart. ●

Fit mit **Stretching**
(2304) Von B. Kurz, 96 S., 255 Farbfotos, kart. ●●

Gesund und fit durch Gymnastik
(0366) Von H. Pilss-Samek, 132 S., 150 Abb., kart. ●

Fit und frisch
Gymnastik für die ganze Familie
(6501) Von G. Sieber, 104 S., 306 Farbfotos, 5 Farbzeichnungen, kart., mit Audiokassette, Laufzeit 30 Min., ●●●

Fit mit **Laufen**
(2315) Von W. Sonntag, 96 S., 60 Farbfotos, 8 Farbzeichnungen, kart. ●●

Spaß am Laufen
Jogging für die Gesundheit. (0470) Von W. Sonntag. 140 S., 41 s/w-Fotos, 1 Zeichnung, kart. ●

Sportschießen
für jedermann. (0502) Von A. Kovacic, 124 S., 116 s/w-Fotos, kart. ●●

Fit mit **Sportschießen**
(2312) Von H. Gabelmann, ca. 112 S., ca. 100 Farbabbildungen, kart. ●●

Fechten
Florett · Degen · Säbel. (0449) Von E. Beck, 88 S., 185 Fotos, 10 Zeichnungen, kart. ●●

Fit mit **Sportabzeichen**
(2307) Von G. Hennige, 104 S., 107 Farbfotos, kart. ●●

ZDF Sportjahr '87
Rekorde, Siege, Schicksale, Ergebnisse, Termine '88. (4290) Hrsg. von B. Heller, 192 S., 275 Farb- und 4 s/w-Fotos, kart. ●●

ZDF Sportjahr '88
Rekorde · Siege · Schicksale · Ergebnisse
Mit Olympischen Spielen und Fußball–EM (4415) Hrsg. von B. Heller, 224 S., 239 Farbfotos, 1 s/w-Foto, kart. ●●●

Fit mit **Fußball**
(2309) Von H. Obermann, P. Walz, 112 S., 47 Farbfotos, 18 Farb- und 25 s/w-Zeichnungen, kart. ●●

Handball
Technik · Taktik · Regeln. (0426) Von F. und P. Hattig, 128 S., 91 s/w-Fotos, 121 Zeichnungen, kart. ●●

Volleyball
Technik · Taktik · Regeln. (0351) Von H. Huhle, 104 S., 330 Abb., kart. ●

Fit mit **Volleyball**
(2302) Von Dr. A. Scherer, 104 S., 27 Farb- und 1 s/w-Foto, 12 Farb- und 29 s/w-Zeichnungen, kart. ●●

Die neue Tennis-Praxis
Der individuelle Weg zu erfolgreichem Spiel. (4097) Von R. Schönborn, 240 S., 202 Farbzeichnungen, 31 s/w-Abb., Pappband. ●●●●

Moderne Tennistechnik
(4187) Von G. Lam, 192 S., 339 s/w-Fotos, 91 Zeichnungen, kart. ●●●

Tennis
Technik · Taktik · Regeln. (0375) Von W. u. S. Taferner, 112 S., 81 Abb., kart. ●

Erfolgreiche Tennis-Taktik
(4086) Von R. Ford Greene, übersetzt von M.R. Fischer, 182 S., 87 Abb., kart. ●●

Tischtennis-Technik
Der individuelle Weg zu erfolgreichem Spiel. (0775) Von M. Perger, 144 S., 296 Abb. kart. ●●

Badminton
Technik · Taktik · Training. (0699) Von K. Fuchs, L. Sologub, 168 S., 51 Abb., kart., ●●

Squash
Ausrüstung · Technik · Regeln. (0539) Von D. von Horn, H.-D. Stünitz, 96 S., 55 s/w-Fotos, 25 Zeichnungen, kart. ●

Fit mit **Squash**
(2311) Von P. Langhammer, R. Michna, 96 S., 86 Farbfotos, 13 Farbzeichnungen, kart. ●●

Eishockey
Lauf- und Stocktechnik, Körperspiel, Taktik, Ausrüstung und Regeln. (0414) Von J. Čapla, 264 S., 548 s/w-Fotos, 163 Zeichnungen, kart. ●●

Golf
Ausrüstung und Technik. (0343) Von J.C. Jessop, übersetzt von H. Biemer, mit einem Vorwort von H. Krings, Präsident des Deutschen Golf-Verbandes, 96 S., 57 Abb., Anhang Golfregeln des DGV, kart. ●●

Pool-Billard
(0484) Herausgegeben vom Deutschen Pool-Billard-Bund. Von M. Bach, K.-W. Kühn, 104 S., 64 Abb., kart. ●

Tanzen überall
Discofox, Rock'n Roll, Blues, Langsamer Walzer, Cha-Cha-Cha zum Selberlernen. (0760) Von H.M. Pritzer, 112 S., 128 Farbfotos, kart. ●●

Tanzstunde
Das Welttanzprogramm leicht gelernt (4409) Von G. Hädrich, 164 S., 489 s/w-Fotos, 63 Zeichnungen, Pappband. ●●●

Wir lernen tanzen
Standard- und lateinamerikanische Tänze. (0200) Von E. Fern, 168 S., 118 s/w-Fotos, 47 Zeichnungen, kart. ●

Fit mit **Tanzen**
(2303) Von K. Richter, H. Kleinow, 88 S., 94 Farbfotos, kart. ●●

Dancing
Moderne Discotänze: mit Mambo und Salsa (0977) Von B. und F. Weber, 96 S., 207 s/w-Fotos, kart. ●●

Dirty Dancing
Step by Step leicht gelernt
(0992) Von D. Glück, G. Teusen, 80 S., 140 Farbfotos, kart. ●●

So tanzt man Rock'n Roll
Grundschritte · Figuren · Akrobatik.
(0573) Von W. Steuer und G. Marz, 224 S., 303 Abb., kart. ●●

Anmutig und fit durch
Bauchtanz
(0911) Von Marta, 120 S., 229 Farbfotos, 6 s/w-Zeichnungen, kart. ●●

Sporttauchen
Theorie und Praxis des Gerätetauchens. (0647) Von S. Müßig, 144 S., 8 Farbtafeln, 35 s/w-Fotos, 89 Zeichnungen, kart. ●●

Die hier vorgestellten Bücher, Videokassetten und Software sind in folgende Preisgruppen unterteilt:

● Preisgruppe bis DM 10,–/S 79,–/Fr.10
●● Preisgruppe über DM 10,– bis DM 20,– S 80,– bis S 160,– Fr. 10,– bis Fr. 18,70
●●● Preisgruppe über DM 20,– bis DM 30,– S 161,– bis S 240,– Fr. 18,70 bis Fr. 27,70
●●●● Preisgruppe über DM 30,– bis DM 50,– S 241,– bis S 400,– Fr. 27,70 bis Fr. 46,–
●●●●● Preisgruppe über DM 50,–/S 401,–/Fr.46,–
*(unverbindliche Preisempfehlung)

Die Preise entsprechen dem Status beim Druck dieses Verzeichnisses (s. Seite 1) – Änderungen, im besonderen der Preise, vorbehalten –

Falken-Verlag GmbH · Postfach 1120 FALKEN D-6272 Niedernhausen/Ts. · Tel.: 06127/7020

Sportfischen
Fische · Geräte · Techniken. (0324) Von H. Oppel, 144 S., 49 s/w-Fotos, 8 Farbt., kart. ●

Angeln
Kleine Fibel für den Sportfischer. (0198) Von E. Bondick, 80 S., 4 Farbt., 116 Abb., kart. ●

Falken-Handbuch
Angeln
in Binnengewässern und im Meer. (4090) Von H. Oppel, 344 S., 24 Farbtafeln, 66 s/w-Fotos, 151 Zeichn., gebunden. ●●●●

Funboard-Surfen
Material · Technik · Regatten · Internationale Reviere. (4297) Von J. Evans, 144 S., 106 Farbfotos, 9 Farbzeichnungen, 68 zweifarbige und 5 s/w-Zeichnungen, kart. ●●●

Fibel für Kegelfreunde
Sport- und Freizeitkegeln · Bowling. (0191) Von G. Bocsai, 72 S., 62 Abb., kart. ●

Fit mit **Kegeln**
(2301) Von G. Gromann, 96 S., 51 Farbfotos, 50 Farb- und 4 s/w-Zeichnungen, kart. ●●

Beliebte und neue Kegelspiele
(0271) Von H. Regulski, 92 S., 62 Abb., kart. ●

111 spannende Kegelspiele
(2031) Von H. Regulski, 80 S., 53 Zeichnungen, kart. ●

Schach

Einführung in das Schachspiel
(0104) Von W. Wollenschläger und K. Colditz, 112 S., 116 Diagramme, kart. ●

Falken-Handbuch
Schach
(4051) Von T. Schuster, 360 S., über 340 Diagramme, gebunden. ●●●●

Spielend Schach lernen
(2002) Von T. Schuster, 96 S., kart. ●

Kinder- und Jugendschach
Offizielles Lehrbuch des Deutschen Schachbundes zur Erringung der Bauern-, Turm- und Königsdiplome. (0561) Von B.J. Withuis, H. Pfleger, 144 S., 220 Zeichnungen und Diagramme, kart. ●●

Zug um Zug
Schach für jedermann 1
Offizielles Lehrbuch des Deutschen Schachbundes zur Errinung des Bauerndiploms. (0648) Von H. Pfleger, E. Kurz, 80 S., 24 s/w-Fotos, 8 Zeichn., 60 Diagramme, kart. ●

FALKEN-Software
Zug um Zug
Schach für jedermann 1
(7015) Wendediskette für C 64/C 128 PC, mit Begleitheft. ●●●●*

(7005) Wendediskette für Atari ST 520/1040, mit Begleitheft. ●●●●●*

Zug um Zug
Schach für jedermann 2
Offizielles Lehrbuch des Deutschen Schachbundes zur Erringung des Turmdiploms. (0659) Von H. Pfleger, E. Kurz, 128 S., 7 s/w-Fotos, 13 Zeichnungen, 78 Diagramme, kart. ●

Zug um Zug
Schach für jedermann 3
Offizielles Lehrbuch des Deutschen Schachbundes zur Erringung des Königdiploms. (0728) Von H. Pfleger, G. Treppner, 128 S., 4 s/w-Fotos, 84 Diagramme, 10 Zeichnungen, kart. ●

Schach für Fortgeschrittene
Taktik und Probleme des Schachspiels. (0219) Von R. Teschner, 88 S., 85 Diagramme, kart. ●

Neue Schacheröffnungen
(0478) Von T. Schuster 104 S., 100 Diagramme, kart. ●

Lehr-, Übungs- und Testbuch der Schachkombinationen
(0649) Von K. Colditz, 184 S., 227 Diagramme, kart. ●●

Die hohe Schule der
Schachkombinationen
(0920) Von W. Golz, P. Keres, 272 S., 322 Diagramme, Pappband. ●●

Schwerfiguren greifen ein
(0979) Von J. Damski, 184 S., 244 Diagramme, Pappband. ●●

Offizielles Lehrbuch des Deutschen Schachbundes
Das systematische Schachtraining
Trainingsmethoden, Strategien und Kombinationen. (0857) Von Sergiu Samarian, 152 S., 159 Diagramme, 1 Zeichn., kart. ●●

Taktische Schachendspiele
(0752) Von J. Nunn, 208 S., 152 Diagramme, kart. ●●

Schachstrategie
Ein Intensivkurs mit Übungen und ausführlichen Lösungen. (0584) Von A. Koblenz, dt. Bearb. von K. Colditz, 212 S., 240 Diagramme, kart. ●●

Schachtraining mit den Großmeistern
(0670) Von H. Bouwmeester, 128 S., 90 Diagramme, kart. ●●

Die besten Partien deutscher Schachgroßmeister
(4121) Von H. Pfleger, 192 S., 29 s/w-Fotos, 89 Diagramme, Pappband. ●●●

So denkt eine Schachmeister
Strategische und taktische Analysen. (0915) Von H. Pfleger, G. Treppner, 120 S., 75 Diagramme, kart. ●●

Schach als Kampf
Meine Spiele und mein Weg. (0729) Von G. Kasparow, 144 S., 95 Diagramme, 9 s/w-Fotos, kart. ●●

Schach WM '87
Kasparow/Karpow
(0910) Von H. Pfleger, O. Borik, M. Kipp-Thomas, 136 S., 36 s/w-Fotos, 96 Diagr., kart. ●●

Helmut Pflegers
Schachkabinett
Amüsante Aufgaben – überraschende Lösungen. (0877) Von H. Pfleger, 160 S., 118 Diagramme, kart. ●●

Schach mit dem Computer
(0747) Von D. Frickenschmidt, 140 S., 112 Diagramme, 29 s/w-Fotos, 5 Zeichnungen, kart. ●●

FALKEN-Software
Das komplette Schachprogramm
Spielen, Trainieren, Problemlösen mit dem Computer. (7006) Von J. Egger, Diskette für C 64, C 128 PC, mit Begleitheft. ●●●●●*

Mensch und Gesundheit

Sexualberatung
(0402) Von Dr. M. Röhl, 168 S., 8 Farbtafeln, 17 Zeichnungen, Pappband. ●●

Der moderne Ratgeber
Wir werden Eltern
Schwangerschaft · Geburt · Erziehung des Kleinkindes. (4269) Von B. Nees-Delaval, 376 S., 335 2-farbige Abb., Pappband. ●●●●

Wenn Sie ein Kind bekommen
(4003) Von U. Klamroth, Dr. med. H. Oster, 240 S., 86 s/w-Fotos, 30 Zeichn., kart. ●●●

Wenn der Mensch zum Vater wird
Ein heiter-besinnlicher Ratgeber. (4259) Von D. Zimmer, 160 S., 20 Zeichnungen, Pappband. ●●

Vorbereitung auf die Geburt und
Schwangerschaftsgymnastik
Atmung, Rückbildungsgymnastik. (0251) Von s. Buchholz, 112, S., 98 s/w-Fotos, kart. ●

Yoga für Schwangere
Der Weg zur sanften Geburt. (0777) Von V. Bolesta-Hahn, 112 S., 76 zweifarbige Abb., kart. ●●

Die Kunst des Stillens
nach neuesten Erkenntnissen (0701) Von Prof. Dr. med. E. Schmidt, S. Brunn, 112 S., 20 Fotos und Zeichnungen, kart. ●

Das Babybuch
Pflege · Ernährung · Entwicklung. (0531) Von A. Burkert, 128 S., 16 Farbtafeln, 38 s/w-Fotos, 30 Zeichnungen, kart. ●●

Wenn Kinder krank werden
Medizinischer Ratgeber für Eltern. (4240) Von Dr. med. I.J. Chasnoff, B. Nees-Delaval, 232 S., 163 Zeichn., Pbd.. ●●●

Erkennen Sie sich selbst.
Psycho-Tests
(0710) Von B.M. Nash, R.B. Monchick, übers. v. J. Schiesmann, 304 S., 81 Zeichn., kart. ●●

FALKEN-Software
Ego-Tests
Sich und andere besser erkennen und verstehen. (7012) Diskette für IBM PC kompatible (MS DOS) mit Begleitheft. ●●●●●*

Bildatlas des menschlichen Körpers
(4177) Von G. Pogliani, V. Vannini, 112 S., 402 Farbabb. 28 s/w-Fotos, Pappband. ●●●

Dr. Reitners großes Gesundheitslexikon
Mit über 5000 Stichwörtern. (4282) Von Dr. med. H.-J. Lewitzka-Reitner, in Zusammenarbeit mit P. Janknecht und U. Kannapinn, 504 S., 424 s/w-Abbildungen, Pappband. ●●

Die hier vorgestellten Bücher, Videokassetten und Software sind in folgende Preisgruppen unterteilt:

● Preisgruppe bis DM 10,–/S 79,–/Fr.10
●● Preisgruppe über DM 10,– bis DM 20,– / S 80,– bis S 160,– / Fr. 10,– bis Fr. 18,70
●●● Preisgruppe über DM 20,– bis DM 30,– / S 161,– bis S 240,– / Fr. 18,70 bis Fr. 27,70
●●●● Preisgruppe über DM 30,– bis DM 50,– / S 241,– bis S 400,– / Fr. 27,70 bis Fr. 46,–
●●●●● Preisgruppe über DM 50,–/S 401,–/Fr.46,–
*(unverbindliche Preisempfehlung)

Die Preise entsprechen dem Status beim Druck dieses Verzeichnisses (s. Seite 1) – Änderungen, im besonderen der Preise, vorbehalten –

Das moderne Hausbuch der Naturheilkunde
Neueste Erkenntnisse der Ganzheitsmedizin von Akupressur bis Zelltherapie
(4403) Von G. Leibold, 448 S., 263 Farbzeichn., 15 s/w-Fotos, Pappband. ●●●●●

Pillenpreise unverblümt
Rezeptfreie Medikamente: Medizinische Grundlagen · Wirkungen · Risiken · Preisübersicht
(4426) Von Dr. rer.nat. K. Mayer, 248 S., franz. Broschur. ●●●

Ratgeber Aids
Entstehung, Ansteckung, Krankheitsbilder, Heilungschancen, Schutzmaßnahmen.
(0803) Von B. Baartman, Vorwort von Dr. med. H. Jäger, 112 S., 8 Farbtafeln, 4 Grafiken, kart. ●●

Nahrungsmittelallergien
So ernähren Sie sich richtig!
(0913) Von Priv-Doz.Dr.med.habil. J. von Mayenburg, Prof. Dr. med. Dr. phil. S. Borelli, E. Polster, 136 S., kart. ●●

Diabetes
Krankheitsbild, Therapie, Kontrollen, Schwangerschaft, Sport, Urlaub, Alltagsprobleme, Neueste Erkenntnisse der Diabetesforschung. (0895) Von Dr. med. H.J. Krönke, 120 S., 4 Farbtafeln, 14 s/w-Fotos, 13 s/w-Zeichnungen, kart. ●

Darmleiden
Krankheitsbilder, Behandlung, Selbstbehandlung, Richtige Lebensführung und Ernährung. (0798) Von Dr. med. K. Steffens, 112 S., 46 Zeichnungen, kart. ●

Rheuma und Gicht
Krankheitsbilder, Behandlung, Therapieverfahren, Selbstbehandlung. Richtige Lebensführung und Ernährung. (0712) Von Dr. J. Höder, J. Bandick, 104 S., kart. ●

Asthma
Pseudokrupp, Bronchitis und Lungenemphysem. (0778) Von Prof. Dr. med. W. Schmidt, 120 S., 56 Zeichnungen, kart. ●

Krampfadern
Ursachen, Vorbeugung, Selbstbehandlung, Therapieverfahren. (0727) Von Dr. med. K. Steffens, 96 S., 38 Abb., kart. ●

Gallenleiden
Krankheitsbilder, Behandlung, Therapieverfahren, Selbstbehandlung. Richtige Lebensführung und Ernährung. (0673) Von Dr. med. K. Steffens, 104 S., 34 Zeichnungen, kart. ●

Gesundheit durch altbewährte Kräuterrezepte und Hausmittel aus der
Natur-Apotheke
(4156) Von G. Leibold, 236 S., 8 Farbtafeln, 100 Zeichnungen, kart. ●●

Falken-Handbuch **Heilkräuter**
Modernes Lexikon der Pflanzen und Anwendungen (4076) Von G. Leibold, 392 S., 183 Farbfotos, 22 Zeichnungen, geb. ●●●●

Heiltees und Kräuter für die Gesundheit
(4123) Von G. Leibold, 136 S., 15 Farbtafeln, 16 Zeichnungen, kart. ●●

Aus dem Schatz der Naturmedizin
Heilkräuterkuren
(4268) Von Dr. med. E. Rauch, Dr. rer. nat. P. Kruletz, 144 S., 49 Zeichnungen, kart. ●●

Fastenkuren
Wege zur gesunden Lebensführung. Rezepte und Tips für die Nachfastenzeit. Kurzfasten · Saftfastenkuren · Fastenschalttage · Heilfasten. (4248) Von Ha. A. Mehler, H. Keppler, 144 S., 16 s/w-Fotos, 9 Zeichn., Pbd. ●●●

Massagetechniken und Heilanzeigen
Reflexzonentherapie
(4404) Von G. Leibold, 128 S., 53 Farbzeichungen, Pappband. ●●●

Kneippkuren zu Hause
(0779) Von G. Leibold, 112 S., 25 Zeichnungen, kart. ●

Massage
(0750) Von B. Rumpler, K. Schutt, 112 S., 116 zweifarbige Zeichnungen, kart. ●●

Besser sehen durch Augentraining
Ein Gesundheitsprogramm zur Verbesserung des Sehvermögens. (0914) Von K. Schutt, B. Rumpler, 96 S., 32 s/w-Zeichnungen, kart. ●

Krebsangst und Krebs behandeln
Mit einem Vorwort von Prof. Dr. med. Friedrich Douwes. (0839) Von G. Leibold, 104 S., kart. ●

Hypnose und Autosuggestion
Methoden - Heilwirkungen - praktische Beispiele. (0483) Von G. Leibold, 120 S., 9 Illustrationen, kart. ●

Akupressur zur Eigenbehandlung
(0417) Von G. Leibold, 152 S., 78 Abb., kart. ●

Enzyme
Vitalstoffe für die Gesundheit.
(0677) Von G. Leibold, 96 S., kart. ●

Fußsohlenmassage
Heilanzeigen · Technik · Selbsthilfe.
(0714) Von G. Leibold, 96 S., 38 Zeichnungen, kart. ●

Rheuma behandeln und lindern
Mit einem Vorwort von Dr. med. Max-Otto-Bruker. (0836) Von G. Leibold, 96 S., kart. ●

Heilfasten
(0713) Von G. Leibold, 96 S., kart. ●

Besser leben durch Fasten
(0841) Von G. Leibold, 96 S., kart. ●

Die echte Schroth-Kur
(0797) Von Dr. med. R. Schroth, 88 S., 2 s/w-Fotos, kart. ●

Allergien behandeln und lindern
Mit einem Vorwort von Prof. Dr. med. Axel Stemmann. (0840) Von G. Leibold, 96 S., 4 Zeichnungen, kart. ●

Sreß bewältigen durch Entspannung
(0834) Von Dr. med. Chr. Schenk, 88 S., 29 Zeichnungen, kart. ●

Autogenes-Training
Anwendung · Heilwirkungen · Methoden.
(0541) Von R. Faller, 112 S., 3 Zeichn., kart. ●

Chinesische Naturheilverfahren
Selbstbehandlung mit bewährten Methoden der physikalischen Therapie. Atemtherapie · Heilgymnastik · Selbstmassage · Vorbeugen · Behandeln · Entspannen. (4247) Von F.T. Lie, 160 S., 292 zweifarbige Zeichnungen, Pappband. ●●●

Chinesisches Schattenboxen
Tai-Ji-Quan
für geistige und körperliche Harmonie.
(0850) Von F. T. Lie, 120 S., 221 s/w-Fotos, 9 s/w-Zeichnungen, Beilage: 1 s/w-Poster mit zahlreichen Abbildungen, kart. ●●

Fit mit **Tai Chi**
als sanfte Körpererfahrung
(2305) Von B. und K. Moegling, 112 S., 121 Farbfotos, 6 Farbzeichnungen, kart. ●●

Bauch, Taille und Hüfte gezielt formen durch
Aktiv-Yoga
(0709) Von K. Zebroff, 112 S., 102 Farbfotos, kart. ●●

Yoga für Jeden
(0341) Von K. Zebroff. 156 S., 135 Abb., Spiralbindung. ●●●

Yoga gegen Haltungsschäden und Rückenschmerzen
(0394) Von A. Raab, 104 S., 215 Abb., kart. ●

Chinesische Punktmassage **Akupressur**
(4419) Von F.T. Lie, 192 S., 332 zweifarbige Abb., Pappband. ●●●

Shiatsu-Massage
Hormonisierung der Energieströme im Körper. (0615) Von G. Leibold, 196 S., 180 Abb., kart. ●●

Kochen für Diabetiker
Gesund und schmackhaft für die ganze Familie. (4132) Von M. Toeller, W. Schumacher, A. C. Groote, 224 S., 109 Farbfotos, 94 Zeichnungen, Pappband. ●●●

Neue Rezepte für Diabetiker-Diät
Vollwertig - abwechslungsreich - kalorienarm. (0418) Von M. Oehlrich, 96 S., 8 Farbtafeln, kart. ●

Diät bei Störungen des Fettstoffwechsels und zur Vorbeugung der Arteriosklerose
Rezeptteil von B. Zöllner. (3208) Von Prof. Dr. med. G. Wolfram und Dr. med. O. Adam, 104 S., 4 Farbtafeln, kart. ●●

Diät bei Darmkrankheiten
Durchfall - Divertikulose, Reizdarm und Darmträgheit - einheimische Sprue (Zöllakie) - Disaccharidasemangel - Dünndarmresektion - Dumping Syndrom. Rezeptteil von B. Zöllner. (3211) Von Prof. Dr. med. G. Strohmeyer, 88 S., 4 Farbtafeln, kart. ●●

Ballaststoffreiche Kost bei Funktionsstörungen des Darms
Rezeptteil von B. Zöllner. (3212) Von Prof. Dr. med. H. Kasper, 96 S., 34 Farbfotos, 1 s/w-Fotos, kart. ●●

Diät bei Krankheiten des Magens und Zwölffingerdarms
Rezeptteil von B. Zöllner, (3201) Von Prof. Dr. med. H. Kaess, 96 S., 35 Farbfotos, 1 s/w-Zeichnung, kart. ●●

Diät bei Krankheiten der Gallenblase, Leber und Bauchspeicheldrüse
Rezeptteil von B. Zöllner. (3207) Von Prof. Dr. med. H. Kasper, 88 S., 4 Farbtafeln, kart. ●●

Diät bei Übergewicht
Rezeptteil von B. Zöllner. (3209) Von Prof. Dr. med. Ch. Keller, 104 S., 42 Farbfotos, 3 s/w-Zeichnungen, kart. ●●

Diät bei Gicht und Harnsäuresteinen
Rezeptteil von B. Zöllner. (3205) Von Prof. Dr. med. N. Zöllner, 80 S., 4 Farbtafeln, kart. ●●

Diät bei Herzkrankheiten und Bluthochdruck
Rezeptteil von B. Zöllner. (3202) Von Prof. Dr. med. H. Rottka, 92 S., 4 Farbtafeln, kart. ●●

Die hier vorgestellten Bücher, Videokassetten und Software sind in folgende Preisgruppen unterteilt:

● Preisgruppe bis DM 10,–/S 79,–/Fr.10
●● Preisgruppe über DM 10,– bis DM 20,– S 80,– bis S 160,– Fr. 10,– bis Fr. 18,70
●●● Preisgruppe über DM 20,– bis DM 30,– S 161,– bis S 240,– Fr. 18,70 bis Fr. 27,70
●●●● Preisgruppe über DM 30,– bis DM 50,– S 241,– bis S 400,– Fr. 27,70 bis Fr. 46,–
●●●●● Preisgruppe über DM 50,–/S 401,–/Fr.46,–
*(unverbindliche Preisempfehlung)

Die Preise entsprechen dem Status beim Druck dieses Verzeichnisses (s. Seite 1) – Änderungen, im besonderen der Preise, vorbehalten –

Diät bei Erkrankungen der Nieren, Harnwege und bei Dialysebehandlung
Rezeptteil von B. Zöllner. (3203) Von Prof. Dr. med. Dr. h. c. H. J. Sarre und Prof Dr. med. R. Kluthe, 96 S., 33 Farbfotos, 1 s/w-Zeichnung, kart. ●●

Richtige Ernährung wenn man älter wird
Rezeptteil von B. Zöllner. (3204) Von Prof Dr. med. H.-J. Pusch. 96 S., 36 Farbfotos und 3 s/w-Zeichnungen, kart. ●●

Diät bei Zuckerkrankheit
Rezeptteil von B. Zöllner. (3206) Von Prof. Dr. med. P. Dieterle, 112 S., 42 Farbfotos, 4 vierfarbige Vignetten, 1 s/w-Zeichnung, kart. ●●

Garten, Tiere, Umwelt

Garten heute
Der moderne Ratgeber · Über 1000 Farbbilder. (4283) Von H. Jantra, 384 S., über 1000 Farbabb., Pappband. ●●●●

Blütenpracht in Haus und Garten
Der große praktische Ratgeber mit über 1000 farbigen Abb. (4145) Von M. Haberer, u.a. 352 S., 1012 Farbfotos, Pbd. ●●●●

Die offizielle Sonderausgabe zur BUGA Frankfurt '89
Das Gartenjahr
Arbeitspläne und Pflanzenporträts
(4434) Von Dr. G. Schoser, 120 S., 146 Farbfotos, 187 Zeichnungen, 13 Tabellen, kart. ●

Blütenpracht aus winterharten Blumenzwiebeln
(0772) Von H. Lass, 112 S., 120 Farbfotos und Zeichungen, kart. ●●

Erfolgstips für den Obstgarten
Gesunde Früchte durch richtige Sortenwahl und Pflege. (0827) Von F. Mühl, 184 S., 16 Farbtafeln, 33 Zeichnungen, kart. ●●

Erfolgstips für den Gemüsegarten
Mit naturgemäßem Anbau zu höherem Ertrag. (0674) Von F. Mühl, 80 S., 30 s/w-Fotos, 4 Zeichnungen, kart. ●

Mischkultur im Nutzgarten
Mit Jahreskalender und Anbauplänen. (0651) Von H. Oppel, 112 S., 8 Farbtafeln, 23 s/w-Fotos, 29 Zeichnungen, kart. ●

Mein Kräutergarten rund ums Jahr
Täglich schnittfrisch und gesund würzen. (4192) Von Prof. Dr. G. Lysek, 136 S., 15 Farbtafeln, 91 Zeichnungen, kart. ●●

Selbstversorgung aus dem eigenen Anbau
Reichen Erntesegen verwerten und haltbar machen. (4182) Von M. Bustorf-Hirsch, M. Hirsch, 216 S., 270 Zeichn., Pappband. ●●●

Der richtige Schnitt von Obst- und Ziergehölzen, Rosen und Hecken
(0619) Von E. Zettl, 88 S., 8 Farbtafeln, 39 Zeichnungen, 21 s/w-Fotos, kart. ●

Erfolgstips für den Ziergarten
Schmuckpflanzen und Rasen richtig pflegen. (0930) Von F. Mühl, 156 S., 12 Farbtafeln, 26 s/w-Zeichnungen, kart. ●●

Erfolgreich gärtnern mit
Frühbeet und Folie
(0828) Von Dr. Gustav Schoser, 88 S., 8 Farbtafeln, 46 s/w-Fotos, kart. ●

Das Bio-Gartenjahr
Arbeitsplan für naturgemäßes Gärtnern. (4169) Von N. Jorek, 128 S., 8 Farbtafeln, 70 s/w-Abb., kart. ●●

Erfolgreich gärtnern
durch naturgemäßen Anbau (4252) Von I. Gabriel, 416 S., 176 Farbfotos, 212 Farbzeichnungen, Pappband. ●●●

Leben im Naturgarten
Der Biogärtner und seine gesunde Umwelt. (4124) Von N. Jorek, 128 S., 68 s/w-Fotos, kart. ●●

Aktion Garten ohne Gift
Gesunde Umwelt durch natürlichen Pflanzenschutz
Ein Praxis-Handbuch von E. Hoplitschek u. B.M. Tegethoff. (4425) 176 S., 250 Farbfotos, 36 Farb- und 29 s/w-Zeichn., Pbd. ●●●

So wird mein Garten zum Biogarten
Alles über die Umstellung auf naturgemäßen Anbau. (0706) Von I. Gabriel, 128 S., 73 Farbfotos, 54 Farbzeichnungen, kart. ●●

Neuanlage eines Biogartens
Planung, Bodenvorbereitung, Gestaltung. (0721) Von I. Gabriel, 128 S., 73 Farbfotos, 39 Zeichnungen, kart. ●●

Gesunde Pflanzen im Biogarten
Biologische Maßnahmen bei Schädlingsbefall und Pflanzenkrankheiten. (0707) Von I. Gabriel, 128 S., 126 Farbfotos, kart. ●●

Obst und Beeren im Biogarten
Gesunde und schmackhafte Früchte durch natürlichen Anbau. (0780) Von I. Gabriel, 128 S., 109 Farbabb., kart. ●●

Gemüse im Biogarten
Gesunde Ernte durch natürlichen Anbau (0830) Von I. Gabriel, 128 S., 26 Farbfotos, 86 Farbzeichnungen, kart. ●●

Kräuter und Heilpflanzen im Biogarten
Gesunde Ernte durch natürlichen Anbau. (0929) Von I. Gabriel, 112 S., 63 Farbfotos, 19 Farbzeichnungen, kart. ●●

Der biologische Zier- und Wohngarten
Planen, Vorbereiten, Bepflanzen und Pflegen. (0748) Von I. Gabriel, 128 S., 72 Farbfotos, 46 Farbzeichnungen, kart. ●●

Kosmische Einflüsse auf unsere Gartenpflanzen
Sterne beeinflussen Wachstum und Gesundheit der Pflanzen. (0708) Von I. Gabriel, 112 S., 100 Farbabb., kart. ●●

Der Biogarten unter Glas und Folie
Ganzjährig erfolgreich ernten. (0722) Von I. Gabriel, 128 S., 107 Farbabb., kart. ●●

Speisepilze aus eigener Zucht
Anbau · Pflege · Zubereitung
(0909) Von U. Groos, 72 S., 8 Farbtafeln, 16 s/w-Zeichnungen, kart. ●

Falken-Handbuch **Pilze**
Mit über 250 Farbfotos und Rezepten. (4061) Von M. Knoop, 276 S., 250 Farbfotos, Pappband. ●●●●

Blütenpracht auf Balkon und Terrasse
(0928) Von M. Haberer, 88 S., 139 Farbfotos, kart. ●●

Gemüse, Kräuter, Obst aus dem Balkongarten
- Erfolgreich ernten auf kleinstem Raum. (0694) Von S. Stein, 32 S., 34 Farbfotos, 6 Zeichnungen, Spiralbindung, kart. ●

Das offizielle BUGA-Buch
Kleingärten
Planen · Anlegen · Pflegen
(1015) Von H. Jantra, 88 S., 123 Farbfotos, 1 s/w-Foto, 14 Farbzeichnungen, kart. ●●

Das offizielle BUGA-Buch
Reihenhausgärten
Planen · Anlegen · Pflegen
(1016) Von H. Jantra, 104 S., 134 Farbfotos, 45 Farbzeichnungen, kart. ●●

Gartenteiche und Wasserspiele
planen, anlegen und pflegen
(4083) Von H. Sikora, 31 Farb- und 31 s/w-Fotos, 73 Zeichnungen, Pappband. ●●●

Wasser im Garten
Von der Vogeltränke zum Naturteich - Natürliche Lebensräume selbst gestalten. (4230) Von H. Hendel, P. Keßeler, 240 S., 315 Farbabb., 11 s/w-Fotos, Pappband. ●●●●●

Mein kleiner Gartenteich
planen – anlegen – pflegen
(0851) Von I. Polascheck, 144 S., 108 Farbabb., 6 s/w-Zeichnungen, kart. ●●

Häuser in lebendigem Grün
Fassaden und Dächer mit Pflanzen gestalten. (0846) Von U. Mehl, K. Werk, 88 S., 116 Farbfotos, 4 Farb-und 17 s/w-Zeichn., kart. ●●

Wintergärten
Das Erlebnis, mit der Natur zu wohnen. Planen, Bauen und Gestalten.
(4256) Von LOG ID, 136 S., 130 Farbfotos, 107 Zeichnungen, Pappband. ●●●●

Rund ums Jahr erfolgreich gärtnern
Gewächshäuser
planen · bauen · einrichten · nutzen.
(4408) Von Dr. G. Schoser, J. Wolff, 232 S., 368 Farbabb., 5 s/w-Fotos, Pappband. ●●●●●

Ziergräser
Über 100 Arten erfolgreich kultivieren. (0829) Von H. Jantra, 104 S., 73 Farbfotos, 6 Farbzeichnungen, kart. ●●

Das moderne Handbuch
Zimmerpflanzen
(4416) Von H. Jantra, 304 S., 766 Farbfotos, 64 Farb-und 19 s/w-Zeichn., Pappband. ●●●●

365 Erfolgstips für schöne Zimmerpflanzen
(0893) Von H. Jantra, 144 S., 215 Farbfotos, kart. ●●

Prof. Stelzers grüne Sprechstunde
Gesunde Zimmerpflanzen
Krankheiten erkennen und behandeln · Mit neuem Diagnosesystem. (4274) Von Prof. Dr. G. Stelzer, 192 S., 410 Farbfotos, 10 s/w-Zeichnungen, Pappband. ●●●●

Biologisch zimmergärtnern
Zier- und Nutzpflanzen natürlich pflegen. (4144) Von N. Jorek, 152 S., 15 Farbtafeln, 120 s/w-Fotos, Pappband. ●●

Videokassette
Pflanzenjournal
Blumen- und Pflanzenpflege im Jahreslauf. (6036) VHS, 30 Min., in Farbe, mit Begleitheft. ●●●●*

Die hier vorgestellten Bücher, Videokassetten und Software sind in folgende Preisgruppen unterteilt:

● Preisgruppe bis DM 10,–/S 79,–/Fr.10
●● Preisgruppe über DM 10,– bis DM 20,– S 80,– bis S 160,– Fr. 10,– bis Fr. 18,70
●●● Preisgruppe über DM 20,– bis DM 30,– S 161,– bis S 240,– Fr. 18,70 bis Fr. 27,70
●●●● Preisgruppe über DM 30,– bis DM 50,– S 241,– bis S 400,– Fr. 27,70 bis Fr. 46,–
●●●●● Preisgruppe über DM 50,–/S 401,–/Fr.46,–
*(unverbindliche Preisempfehlung)

Die Preise entsprechen dem Status beim Druck dieses Verzeichnisses (s. Seite 1) – Änderungen, im besonderen der Preise, vorbehalten –

Hydrokultur
Pflanzen ohne Erde - mühelos gepflegt (0944) Von H.-A. Rotter, 144 S., 167 Farbfotos, 13 Farbzeichnungen, kart. ●●

Zimmerpflanzen in Hydrokultur
Leitfaden für problemlose Blumenpflege. (0660) Von H.-A. Rotter, 32 S., 76 Farbfotos, 8 farbige Zeichn., Pappband. ●

Bonsai
Japanische Miniaturbäume und Miniaturlandschaften. Anzucht, Gestaltung und Pflege. (4091) Von B. Lesniewicz, 160 S., 106 Farbfotos, 46 s/w-Fotos, 115 Zeichnungen, gebunden. ●●●●●

Keime, Sprossen, Küchenkräuter
am Fenster ziehen - rund ums Jahr. (0658) Von F. und H. Jantzen, 32 S., 55 Farbfotos, Pappband. ●

Falken-Handbuch **Orchideen**
Lebensraum, Kultur, Anzucht und Pflege. (4231) Von G. Schoser, 144 S., 121 Farbfotos, 28 Farbzeichnungen, Pappband. ●●●

Fibel für Kakteenfreunde
(0199) Von H. Herold, 102 S., 23 Farbfotos, 37 s/w-Abb., kart. ●

Kakteen und andere Sukkulenten
300 Arten mit über 500 Farbfotos. (4116) Von G. Andersohn, 316 S., 520 Farbfotos, 193 Zeichnungen, Pappband. ●●●●

Grzimek Juniors
BUNTE TIERWELT
(4295) Von Chr. Grzimek, 208 S., 308 Farbfotos, Pappband. ●●●

Falken-Handbuch **Hunde**
(4118) Von H. Bielfeld, 176 S., 222 Farb- und 73 s/w-Abb., Pappband. ●●●●

Das neue Hundebuch
Rassen · Aufzucht · Pflege. (0009) Von W. Busack, überarbeitet von Dr. med. vet. A. H. Hacker und H. Bielfeld, 112 S., 8 Farbt., 27 s/w-Fotos, 6 Zeichn., kart. ●

Dackel, Teckel, Dachshund
Aufzucht · Pflege · Ausbildung. (0508) Von M. Wein-Gysae, 112 S., 4 Farbtafeln, 43 s/w-Fotos, 2 Zeichnungen, kart. ●

Falken-Handbuch
Der Deutsche Schäferhund
(4077) Von U. Förster, 228 S., 160 Abb., Pappband.●●●

Hundeausbildung
Verhalten - Gehorsam - Ausbildung. (0346) Von Prof. Dr. R. Menzel, 88 S., 19 Fotos, kart. ●

Grundausbildung für Gebrauchshunde
Schäferhund, Boxer, Rottweiler, Dobermann, Riesenschnauzer, Airedaleterrier, Hovawart und Bouvier. (0801) Von M. Schmidt und W. Koch, 104 S., 8 Farbtafeln, 51 s/w-Fotos, 5 s/w-Zeichnungen, kart. ●

Der Deutsche Schäferhund
Aufzucht, Pflege und Ausbildung. (0073) Von A. Hacker, 104 S., 56 Abb., kart. ●

Alles über junge Hunde
(0863) Von Dr. med. vet. E.M. Bartenschlager, 64 S., 49 Farbfotos, 6 Zeichnungen, kart. ●

Richtige Hundeernährung
(0811) Von Dr. med. vet. E.M. Bartenschlager, 80 S., 51 Farbfotos, 4 Farbzeichn., kart. ●

Hundekrankheiten
Erkennung und Behandlung, Steuerung des Sexualverhaltens. (0570) Von Dr. med.vet. R. Spangenberg, 128 S., 68 s/w- Fotos, 10 Zeichnungen, kart. ●

Falken-Handbuch **Katzen**
(4158) Von B. Gerber, 176 S., 294 Farb- und 88 s/w-Fotos, Pappband. ●●●●

Das neue Katzenbuch
Rassen · Aufzucht · Pflege. (0427) Von B. Eilert-Overbeck, 120 S., 14 Farbfotos, 26 s/w-Fotos, kart. ●

Katzenkrankheiten
Erkennung und Behandlung. Steuerung des Sexualverhaltens. (0652) Von Dr. med. vet. R. Spangenberg. 176 S., 64 s/w- Fotos, 4 Zeichnungen, kart. ●

Junge Katzen
(0862) Von Dr. med. vet. E.M. Bartenschlager, 72 S., 40 Farbf., 4 Farbzeichn., kart. ●

Falken-Handbuch **Pferde**
(4186) Von H. Werner, 176 S., 196 Farb- und 50 s/w-Fotos, 100 Zeichn., Pappband. ●●●●

Der Hobby-Imker
(0978) Von Dr. R.F.A. Moritz, 144 S., 106 zweifarbige Zeichnungen, kart. ●●

Geflügelhaltung als Hobby
(0749) Von M. Baumeister, H. Meyer, 184 S., 8 Farbtafeln, 47 s/w-Fotos, 15 Zeichnungen, kart. ●●

Vogelhäuschen, Nistkästen, Vogeltränken
mit Plänen und Anleitungen zum Selbstbau. (0695) Von J. Zech, 32 S., 42 Farbfotos, 6 Zeichnungen, Pappband. ●

Sittiche und kleine Papageien
(0864) Von Dr. med. vet. E.M. Bartenschlager, 88 S., 84 Farbfotos, 9 Zeichnungen, kart. ●

Papageien und Sittiche
Arten · Pflege · Sprechunterricht (0591) Von H. Bielfeld, 112 S., 8 Farbtafeln, kart. ●

Falken-Handbuch **Süßwasser-Aquarium**
(4191) Von H. J. Mayland, 288 S., 564 Farbfotos, 75 Zeichnungen, Pappband. ●●●●

Das Süßwasser-Aquarium
Einrichtung · Pflege · Fische · Pflanzen (0153) Von H. J. Mayland, 152 S., 16 Farbtafeln, 43 s/w-Zeichnungen, kart. ●●

Tiere im Wassergarten
(0808) Von Dr. med. vet. E.M. Bartenschlager, 96 S., 84 Farbf., 7 Zeichn., kart. ●

Alles über Meerschweinchen
(0809) Von Dr. med. vet. E.M. Bartenschlager, 72 S., 43 Farbf., 11 Farbzeichn., kart. ●

Alle über Igel in Natur und Haus
(0810) Von Dr. med. vet. E.M. Bartenschlager, 68 S., 51 Farbfotos, kart. ●

Falken-Handbuch **Umweltschutz**
Das Öko-Testbuch zur Eigeninitiative. (4160) Von M. Häfner, 352 S., 411 Farbf., 152 Farbzeichnungen, Pappband. ●●●●

Vom Urkrümel zum Atompilz
Evolution - Ursache und Ausweg aus der Krise. (4181) Von J. Voigt, 188 S., 20 Farb- und 70 s/w-Fotos, 32 Zeichnungen, kart. ●●

Rat und Wissen

Haushaltstips von A bis Z
(0759) Von A. Eder, 80 S., 30 Zeichn., kart. ●

Umgangsformen heute
Die Empfehlungen des Fachausschusses für Umgangsformen (4015) 252 S., 108 s/w-Fotos, 17 Zeichnungen, Pappband. ●●●

Benehmen bei Tisch
(0988) Von I. Cording, 80 S., 90 Farbfotos, 5 s/w-Zeichnungen, kart. ●●

Videokassette
Körpersprache
verstehen und deuten (6046) VHS, 60 Min., in Farbe, mit Begleitheft. ●●●●●*

Bauernregeln, Bauernweisheiten, Bauernsprüche
(4243) Von G. Haddenbach, 192 S., 62 Farbabb. 9 s/w-Fotos, 144 s/w-Zeichnungen, Pappband. ●●●

Familienforschung · Ahnentafel · Wappenkunde
Wege zur eigenen Familienchronik. (0744) Von P. Bahn, 128 S., 8 Farbtafeln, 30 Abbildungen, kart. ●●

Wie soll es heißen?
(0211) Von D. Köhr, 136 S., kart. ●

Die Silberhochzeit
Vorbereitung · Einladung · Geschenkvorschläge · Dekoration · Festablauf · Menüs · Reden · Glückwünsche. (0542) Von K.F. Merkle, 112 S., 41 Zeichnungen, kart. ●

Wir feiern Hochzeit
Festgestaltung - phantasievoll und modern. (0943) Von H.J. Winkler, 120 S., kart. ●

Wir heiraten
Ratgeber zur Vorbereitung und Festgestaltung der Verlobung und Hochzeit. (4188) Von C. Poensgen, 216 S., 8 s/w-Fotos, 30 s/w-Zeichn., 8 Farbt., Pappband. ●●●

Von der Verlobung zur Goldenen Hochzeit
(0393) Von E. Ruge, 112 S., kart. ●

Hochzeits- und Bierzeitungen
Muster, Tips und Anregungen. (0288) Von H.-J. Winkler, mit vielen Text- und Gestaltungsanregungen, 116 S., 15 Abb., 1 Musterzeitung, kart. ●

Neues Denken - alte Geister
New Age unter der Lupe. (4278) Von G. Myrell, Dr. W. Schmandt, J. Voigt, 176 S., 54 Farbfotos, 3 Zeichnungen, kart. ●●

Moderne Korrespondenz
Handbuch für erfolgreiche Briefe. (4014) Von H. Kirst und W. Manekeller, 544 S., Pappband. ●●●●

Der richtige Brief
zu jedem Anlaß
Das moderne Handbuch mit 400 Musterbriefen
(4179) Von H. Kirst, 376 S., Pappband. ●●●

Musterbriefe
für alle Gelegenheiten. (0231) Hrsg. von O. Fuhrmann, 240 S., kart. ●

Die hier vorgestellten Bücher, Videokassetten und Software sind in folgende Preisgruppen unterteilt:

● Preisgruppe bis DM 10,–/S 79,–/Fr.10
●● Preisgruppe über DM 10,– bis DM 20,– S 80,– bis S 160,– Fr. 10,– bis Fr. 18,70
●●● Preisgruppe über DM 20,– bis DM 30,– S 161,– bis S 240,– Fr. 18,70 bis Fr. 27,70
●●●● Preisgruppe über DM 30,– bis DM 50,– S 241,– bis S 400,– Fr. 27,70 bis Fr. 46,–
●●●●● Preisgruppe über DM 50,–/S 401,–/Fr.46,–
*(unverbindliche Preisempfehlung)

Die Preise entsprechen dem Status beim Druck dieses Verzeichnisses (s. Seite 1) – Änderungen, im besonderen der Preise, vorbehalten –

Privatbriefe
Muster für alle Gelegenheiten. (0114) Von I. Wolter-Rosendorf, 112 S., kart. ●

Der neue Briefsteller
Musterbriefe für alle Gelegenheiten. (0060) Von I. Wolter-Rosendorf, 96 S., kart. ●

Erfolgstips für den Schriftverkehr
Briefgestaltung · Rechtschreibung · Zeichensetzung · Stil. (0678) Von U. Schoenwald, 112 S., kart. ●

Geschäftliche Briefe
des Privatmanns, Handwerkers, Kaufmanns. (0041) Von A. Römer, 124 S., kart.●

Behördenkorrespondenz
Musterbriefe · Anträge · Einsprüche. (0412) Von E. Ruge, 112 S., kart.●

Worte und Briefe der Anteilnahme
(0464) Von E. Ruge, 96 S., mit vielen Abb., kart. ●

Briefe zu Geburt und Taufe
Glückwünsche und Danksagungen. (0802) Von H. Beitz, 96 S., 12 Zeichnungen, kart. ●

Briefe zum Geburtstag
Glückwünsche und Danksagungen. (0822) Von H. Beitz, 104 S., 22 Zeichnungen, kart. ●

Briefe der Liebe
Anregungen für gefühlvolle und zärtliche Worte. (0903) Hrsg. von H. Beitz, 96 S., 4 Zeichnungen, kart. ●

Briefe zur Hochzeit
Glückwünsche und Danksagungen (0852) Von R. Röngen, 96 S., 1 Zeichnung, 39 Vignetten, kart. ●

Reden und Ansprachen
für jeden Anlaß. (4009) Hrsg. von F. Sicker, 454 S., gebunden. ●●●●

Die Kunst der freien Rede
Ein Intensivkurs mit vielen Übungen, Beispielen und Lösungen.
(4189) Von G. Hirsch, 232 S., 11 Zeichnungen, Pappband. ●●●

Die überzeugende Rede
Mehr Erfolg durch bessere Rhetorik. (0076) Von K. Wolter, G. Kunz, 80 S., kart. ●

Festreden und Vereinsreden
Muster für alle Gelegenheiten. (0069) Von K. Lehnhoff, E. Ruge, 96 S., kart. ●

Trinksprüche, Gästebuchverse, Richtsprüche
(0224) Von D. Kellermann, 96 S., kart. ●

Trinksprüche
Fest- und Damenreden in Reimen. (0791) Von L. Metzner, 88 S., 14 s/w-Zeichnungen, kart. ●

Glückwünsche, Toasts und Festreden zur Hochzeit
(0264) Von I. Wolter, 112 S., 18 Zeichnungen, kart. ●

Reden zur Taufe, Kommunion und Konfirmation
(0751) Von G. Georg, 96 S., kart. ●

Reden zur Hochzeit
Musteransprachen für Hochzeitstage. (0654) Von G. Georg, 112 S., kart. ●

Reden zu Familienfesten
Muteransprachen für viele Gelegenheiten. (0675) Von G. Georg, 112 S., kart. ●

Reden zum Geburtstag
Musteransprachen für familiäre und offizielle Anlässe. (0773) Von G. Georg, 96 S., kart. ●

Reden im Verein
Musteransprachen für viele Gelegenheiten. (0703) Von G. Georg, 112 S., kart. ●

Reden zum Jubiläum
Musteransprachen für viele Gelegenheiten. (0595) Von G. Georg, 112 S., kart. ●

Reden und Sprüche zu Grundsteinlegung, Richtfest und Einzug
(0598) Von A. Bruder, G. Georg, 96 S., kart. ●

Reden zum Ruhestand
Musteransprachen zum Abschluß des Berufslebens (0790) Von G. Georg, 104 S., kart. ●

Reden in Trauerfällen
Musteransprachen für Beerdigungen und Trauerfeiern (0736) Von G. Georg, 104 S., kart. ●

Neue Glückwunschfibel
für groß und klein. (0156) Von R. Christian-Hildebrandt, 96 S., 13 Vignetten, kart. ●

Großes Buch der Glückwünsche
(0255) Hrsg. von O. Fuhrmann, 176 S., 77 Zeichnungen und viele Gestaltungsvorschläge, kart. ●

Herzliche Glückwünsche!
Die schönsten Gedichte und Texte für viele Gelegenheiten. (0942) Hrsg. Von B.H. Bull, 256 S., 50 Zeichnungen, Pappband. ●●

Der Verseschmied
Kleiner Leitfaden für Hobbydichter. Mit Reimlexikon. (0597) Von T. Parisius, 96 S., 28 Zeichnungen, kart. ●

Verse fürs Poesiealbum
(0241) Von I. Wolter, 96 S., 20 Abb., kart. ●

Rosen, Tulpen, Nelken ...
Beliebte Verse fürs Poesiealbum
(0431) Von W. Pröve, 96 S., 11 Faksimile-Abb., kart. ●

Kindergedichte zur grünen, silbernen und goldenen Hochzeit
(0318) Von H.-J. Winkler, 104 S., 20 Abb., kart. ●

Glückwunschverse für Kinder
(0277) Von B. Ulrici, 80 S., kart. ●

Kindergedichte für Familienfeste
(0860) Von B.H. Bull, 96 S., 20 Zeichnungen, kart. ●

Ins Gästebuch geschrieben
(0576) Von K.H. Trabeck, 96 S., 24 Zeichnungen, kart. ●

Komm mit ins Land der Lieder
Das große Buch der Kinder-, Volks- und Chorlieder. (4261) Hrsg. Von H. Rauhe, 176 S., 146 Farbzeichn., Pappband. ●●●

Die schönsten Wander- und Fahrtenlieder
(0462) Hrsg. Von F.R. Miller, empfohlen vom Deutschen Sängerbund, 80 S., mit Noten und Zeichnungen, kart. ●

Die schönsten Volkslieder
(0432) Hrsg. Von D. Walther, 128 S., mit Noten und Zeichnungen, kart. ●

Erziehungsgeld, Mutterschutz, Erziehungsurlaub
Alles über das neue Recht für Eltern. Mit den Gesetzestexten. (0835) Von J. Grönert, 144 S., kart. ●●

Scheidung und Unterhalt
nach dem neuen Eherecht. (0403) Von T. Drewes, 112 S., mit Kosten und Unterhaltstabellen, kart. ●

Endlich 18 und nun?
Rechte, Pflichten, Zukunfts-Chancen. (0646) Von R. Rathgeber, 224 S., 27 Zeichnungen, kart. ●●

Was heißt hier minderjährig?
(0765) Von R. Rathgeber, C. Rummel, 148 S., 50 Fotos, 25 Zeichnungen, kart. ●●

Testament und Erbschaft
Erbfolge, Rechte und Pflichten der Erben, Erbschafts-und Schenkungssteuer, Mustertestamente. (4139) Von T. Drewes, R. Hollender, 304 S., Pappband. ●●●

Erbrecht und Testament
Mit Erläuterungen des Erbschaftssteuergesetzes von 1974. (0046) Von Dr. jur. H. Wandrey, 124 S., kart. ●

Der letzte Wille
Ratgeber für Erblasser, Erben und Hinterbliebene in Rechts-, Versorgungs- und Steuerfragen
(0939) Von T. Drewes, 136 S., 9 s/w-Zeichnungen, kart. ●●

Mietrecht
Leitfaden für Mieter und Vermieter. (0479) Von J. Beuthner, 196 S., kart. ●●

Präzise Ratschläge für **Ihre optimale Rente**
Vorbereitung · Berechnungsgrundlagen · Gesetzesänderungen · Individuelle Rechenbeispiele. (0806) Von K. Möcks, 96 S., 24 Formulare, 1 Graphik, kart. ●

Das große farbige Kinderlexikon
(4195) Von U. Kopp, 320 S., 493 Farbabb. 17 s/w-Fotos, Pappband. ●●●

ZDF
Kompaß Jugend-Lexikon
(4096) Von R. Kerler, J. Blum, 336 S., 766 Farbfotos, 39 s/w-Abb., Pbd. ●●●●

Gitarre spielen
Ein Grundkurs für den Selbstunterricht. (0534) Von A. Roßmann, 96 S., 1 Schallfolie, 150 Zeichnungen, kart. ●●●

Maschinenschreiben für Kinder
(0274) Von H. Kaus, 48 S., 17 farbige Abb., kart. ●

So lernt man leicht und schnell
Maschinenschreiben
Lehrbuch für Schulen, Lehrgänge und Selbstunterricht. (0568) Von M. Kempkes, 112 S., 48 Zeichnungen, kart. ●●

Maschinenschreiben
In 10 Tagen spielend gelernt. Von Unterichtsmedien Hoppius. (7008) Diskette für den C 64 und C 128 PC ●●●●* (7009) für IBM PC + kompatible, ●●●●●* (7010) für Schneider CPC 464, 664, 6128, ●●●●●*

Maschinenschreiben im Selbstunterricht
(0170) Von A. Fonfara, 84 S., kart. ●

Buchführung leicht gemacht
Ein methodischer Grundkurs für den Selbstunterricht. (4238) Von D. Machenheimer, R. Kersten, 252 S., Pappband. ●●●

Buchführung leicht gefaßt
Ein Leitfaden für Handwerker und Gewerbetreibende. (0127) Von R. Pohl. 104 S., kart. ●

Die hier vorgestellten Bücher, Videokassetten und Software sind in folgende Preisgruppen unterteilt:

● Preisgruppe bis DM 10,–/S 79,–/Fr.10
●● Preisgruppe über DM 10,– bis DM 20,–/S 80,– bis S 160,–/Fr. 10,– bis Fr. 18,70
●●● Preisgruppe über DM 20,– bis DM 30,–/S 161,– bis S 240,–/Fr. 18,70 bis Fr. 27,70
●●●● Preisgruppe über DM 30,– bis DM 50,–/S 241,– bis S 400,–/Fr. 27,70 bis Fr. 46,–
●●●●● Preisgruppe über DM 50,–/S 401,–/Fr.46,–
*(unverbindliche Preisempfehlung)

Die Preise entsprechen dem Status beim Druck dieses Verzeichnisses (s. Seite 1) – Änderungen, im besonderen der Preise, vorbehalten –

Falken-Verlag GmbH · Postfach 1120 FALKEN **D-6272 Niedernhausen/Ts. · Tel.: 06127/7020**

Stenografie leicht gelernt
im Kursus oder Selbstunterricht.
(0266) Von H. Kaus, 64 S., kart. ●

Erfolgreiche Bewerbung um einen Ausbildungsplatz
(0715) Von H. Friedrich, 136 S., kart. ●

Die Bewerbung
Der moderne Ratgeber für Bewerbungsbriefe, Lebenslauf und Vorstellungsgespräche. (4138) Von W. Manekeller, 264 S., Pappband. ●●

Lebenslauf und Bewerbung
Beispiele für Inhalt, Form und Aufbau.
(0428) Von H. Friedrich, 112 S., kart. ●

Die erfolgreiche Bewerbung
Bewerbung und Vorstellung. (0173) Von W. Manekeller, 156 S., kart. ●

Erfolgreiche Bewerbungsbriefe und Bewerbungsformen
(0138) Von W. Manekeller, U. Schoenwald, 88 S., kart. ●

Vorstellungsgespräche
sicher und erfolgreich führen. (0636) Von H. Friedrich, 144 S., kart. ●

Keine Angst vor Einstellungstests
Ein Ratgeber für Bewerber. (0793) Von Ch. Titze. 120 S., 67 Zeichnungen, kart. ●

FALKEN-Software
Einstellungstests
(7013) Von B. Hoppius, Wendediskette für C 64/C 128 PC, mit Begleitheft, ●●●●*

Die ersten Tage am neuen Arbeitsplatz
Ratschläge für den richtigen Umgang mit Kollegen und Vorgesetzten
(0855) Von H. Friedrich, 104 S., kart. ●

Zeugnisse im Beruf
richtig schreiben, richtig verstehen.
(0544) Von H. Friedrich, 112 S., kart. ●

Erfolgreiche Kaufmannspraxis
Wirtschaftliche Grundlagen, Geld, Kreditwesen, Steuern, Betriebsführung, Recht, EDV. (4046) Von W. Göhler, H. Gölz, M. Heibel, Dr. D. Machenheimer, 544 S., gebunden. ●●●●

So werde ich erfolgreich
Ratschläge und Tips für Beruf und Privatleben. (0918) Von H. Hans, 104 S., kart. ●●

Wege zum Börsenerfolg
Aktien · Anleihen · Optionen
(4275) Von H. Krause, 252 S., 4 s/w-Fotos, 86 Zeichnungen, Pappband. ●●●

FALKEN-Software
Börsenfieber
Spielend spekulieren mit Geld und Aktien
(7016) IBM PC und Kompatible, Diskette 5 1/4'', mit Begleitheft, ●●●●●*

Schülerlexikon der Mathematik
Formeln, Übungen und Begriffserklärungen für die Klassen 5–10. (0430) Von R. Müller, 176 S., 96 Zeichnungen, kart. ●

Mathematik verständlich
Zahlenbereiche Mengenlehre, Algebra, Geometrie, Wahrscheinlichkeitsrechnung, Kaufmännisches Rechnen. (4135) Von R. Müller, 652 S., 10 s/w- und 109 Farbfotos, 802 farbige und 79 s/w-Zeichnungen, über 2500 Beispiele und Übungen mit Lösungen, Pappband. ●●●●●

Mehr Erfolg in der Schule
Mathematik 1
Arithmetik und Algebra
Übungen, Beispiele und Lösungen für die Klasse 5 bis 10
(4420) Von R. Müller-Fonfara, 256 S., 193 Zeichn., 2 s/w-Fotos, Pappband. ●●●

Mathematische Formeln für Schule und Beruf
Mit Beispielen und Erklärungen. (0499) Von R. Müller-Fonfara, 156 S., 210 Zeichnungen, kart. ●

Rechnen aufgefrischt
für Schule und Beruf. (0100) Von H. Rausch, 144 S., kart. ●

Physik verständlich
Förderkurs für die Klassen 7 bis 10
(0926) Von Dr. Th. Neubert, 136 S., 146 s/w-Zeichnungen, 166 Aufgaben, kart. ●●

Richtige Groß- und Kleinschreibung
durch neue, vereinfachte Regeln. Erläuterungen der Zweifelsfragen anhand vieler Beispiele. (0897) Von Prof. Dr. Ch. Stetter, 96 S., kart. ●

Deutsche Grammatik
Ein Lern- und Übungsbuch. (0704) Von K. Schreiner, 112 S., kart. ●

Mehr Erfolg in der Schule
Deutsche Rechtschreibung und Grammatik
Übungen und Beispiele für die Klassen 5–10. (4407) Von K. Schreiner, 256 S., durchgehend zweifarbig, Pappband. ●●●

Richtiges Deutsch
Rechtschreibung · Zeichensetzung · Grammatik · Stilkunde. (0551) Von K. Schreiner, 128 S., 7 Zeichnungen, kart. ●

Mehr Erfolg in der Schule
Der Deutschaufsatz
Übungen und Beispiele für die Klassen 5–10. (4271) Von K. Schreiner, 240 S., 4 s/w-Fotos, 51 Zeichnungen, Pappband. ●●●

Aufsätze besser schreiben
Förderkurs für die Klassen 4–10. (0429) Von K. Schreiner, 144 S., 4 s/w-Fotos, 27 Zeichnungen, kart. ●

Mehr Erfolg in Schule und Beruf
Besseres Deutsch
Mit Übungen und Beispielen für Rechtschreibung, Diktate, Zeichensetzung, Aufsätze, Grammatik, Literaturbetrachtung, Stil, Briefe, Fremdwörter, Reden. (4115) Von K. Schreiner, 444 S., 7 s/w-Fotos, 27 Zeichnungen, Pappband. ●●●

Richtige Zeichensetzung
durch neue, vereinfachte Regeln. Erläuterungen der Zweifelsfragen anhand vieler Beispiele. (0744) Von Prof. Dr. Ch. Stetter, 160 S., kart. ●

Diktate besser schreiben
Übungen zur Rechtschreibung für die Klasse 4–8. (0469) Von K. Schreiner, 152 S., 31 Zeichnungen, kart. ●

Besseres Englisch
Grammatik und Übungen für die Klassen 5 bis 10. (0745) Von E. Henrichs, 144 S., kart. ●●

FALKEN-Software
The Grammar-Master
Englische Grammatik üben und beherrschen. (7002) Diskette für den C 64/C 128 PC ●●●●*

FALKEN-Software
Take a Trip to Britain
(7004) Von reLine, Diskette für C 64/C 128 PC, mit Begleitheft. ●●●●*

FALKEN-Software
Vokabeltrainer Englisch
Von B. Hoppius. (7001) 2 Disketten für C 64/C 128 PC, mit Begleitheft. ●●●●●*
(7007) Wendediskette für Atari ST 520/1040, mit Begleitheft. ●●●●●*

Schnell und sicher zum Führerschein
Tips und Tricks aus 30jähriger-Fahrschul-Praxis. (0921) Von O. Einert, 152 S., 156 Farbfotos, 161 z.T. farb. Zeichnungen, kart. ●●

FALKEN-Software
Schnell und sicher zum Führerschein
Intensivtraining mit dem amtlichen Fragenkatalog
(7011) Diskette für C 64/C 128 PC, mit Begleitheft und Fragenkatalog. ●●●●●*

Videokassette
Gesund durch Gedankenenergie
Heilung im gemeinsamen Kraftfeld
(6035) VHS, 45 Min., in Farbe ●●●●●*

Die neue Lebenshilfe **Biorhythmik**
Höhen und Tiefen der persönlichen Lebenskurven vorausberechnen und danach handeln. (0458) Von W. A. Appel, 157 S., 63 Zeichnungen, Pappband. ●●

Die neuen Erkenntnisse zum Biorhythmus
Individuelle Rhythmogramme für Berufserfolg und Gesundheit, Partnerschaft und Freizeit, Beilage: Tagesformplaner.
(4276) Von H. Bott, 144 S., 35 s/w-Zeichnungen, Pappband. ●●●

So deutet man Träume
Die Bildersprache des Unbewußten. (0444) Von G. Haddenbach, 120 S., kart. ●

Wie Sie im Schlaf das Leben meistern
Schöpferisch träumen
Der Klartraum als Lebenshilfe.
(4258) Von Prof. D. P. Tholey, K. Utecht. 256 S., 1 s/w-Foto, 20 Zeichn., Pbd. ●●●

Frauenträume – Männerträume
und ihre Bedeutung (4198) Von G. Senger, 272 S., mit Traumlexikon, Pappband. ●●●

Falken-Handbuch **Astrologie**
Charakterkunde · Schicksal · Liebe und Beruf · Berechnung und Deutung von Horoskopen · Aszendenttabelle. (4068) Von B.A. Mertz, 342 S., mit 60 erläuternden Grafiken, Pappband. ●●●

Die Magie der Zahlen
So nutzen Sie die Geheimnisse der Numerologie für ihr persönliches Glück mit dem völlig neuen Planetennumeroskop
(4242) Von B.A. Mertz, 224 S., 36 Abbildungen, Pappband. ●●●

I Ging der Liebe
Das altchinesische Orakel für Partnerschaft und Ehe. (4244) Von G. Damian-Knight, 320 S., 64 s/w-Zeichn., Pappband. ●●●

Wahrsagen mit Tarot-Karten
(0482) Von E.J. Nigg, 112 S., 4 Farbtafeln, 52 s/w-Abb., Pappband. ●●

Falken-Handbuch **Kartenlegen**
Wahrsagen mit Tarot-, Skat-, Lenormand- und Zigeunerblättern.
(4226) Von B.A. Mertz, 288 S., 38 Farb- und 108 s/w-Abb. Pappband. ●●●●

Die hier vorgestellten Bücher, Videokassetten und Software sind in folgende Preisgruppen unterteilt:

● Preisgruppe bis DM 10,–/S 79,–/Fr.10
●● Preisgruppe über DM 10,– bis DM 20,– S 80,– bis S 160,– Fr. 10,– bis Fr. 18,70
●●● Preisgruppe über DM 20,– bis DM 30,– S 161,– bis S 240,– Fr. 18,70 bis Fr. 27,70
●●●● Preisgruppe über DM 30,– bis DM 50,– S 241,– bis S 400,– Fr. 27,70 bis Fr. 46,–
●●●●● Preisgruppe über DM 50,–/S 401,–/Fr.46,–
*(unverbindliche Preisempfehlung)

Die Preise entsprechen dem Status beim Druck dieses Verzeichnisses (s. Seite 1) – Änderungen, im besonderen der Preise, vorbehalten –

Weissagen, Hellsehen, Kartenlegen ...
Wie jeder die geheimen Kräfte ergründen und für sich nutzen kann. (4153) Von G. Haddenbach, 192 S., 40 Zeichnungen, Pappband. ●●

Selbst Wahrsagen mit Karten
Die Zukunft in Liebe, Beruf und Finanzen. (0404) Von R. Koch, 80 S., 252 Abb., Pappband. ●●

Was sagt uns das Horoskop?
Praktische Einführung in die Astrologie. (0655) Von B.A. Mertz, 176 S., 25 Zeichnungen, kart. ●

Die 12 Tierzeichen im chinesischen Horoskop
(0423) Von G. Haddenbach, 128 S., Pappband. ●

Aztekenhoroskop
Deutung von Liebe und Schicksal nach dem Aztekenkalender. (0543) Von C.-M. und R. Kerler, 160 S., 20 Zeichnungen, Pappband. ●

Das Super-Horoskop
Der neue Weg zur Deutung von Charkter, Liebe und Schicksal nach chinesischer und abendländischer Astrologie. (0465) Von G. Haddenbach, 175 S., kart. ●

Die 12 Sternzeichen
Charakter, Liebe und Schicksal. (0385) Von G. Haddenbach, 160 S., Pappband. ●●

Liebeshoroskop für die 12 Sternzeichen
Alles über Chancen, Beziehungen, Erotik, Zärtlichkeit, Leidenschaft. (0587) Von G. Haddenbach, 144 S., 11 Zeichnungen, kart. ●

Sternstunden
für Liebe, Glück und Geld, Berufserfolg und Gesundheit. Das ganz persönliche Mitbringsel für **Widder** (0621), **Stier** (0622), **Zwillinge** (0623), **Krebs** (0624), **Löwe** (0625), **Jungfrau** (0626), **Waage** (0627), **Skorpion** (0628), **Schütze** (0629), **Steinbock** (0630), **Wassermann** (0631), **Fische** (0632) Von L. Cancer, 62 S., durchgehend farbig, Zeichnungen, Pappband. ●

Humor und Unterhaltung

Heitere Vorträge
(0528) Von E. Müller, 128 S., 14 Zeichnungen, kart. ●

Die große Lachparade
Neue Texte für heitere Vorträge und Ansagen. (0188) Von E. Müller, 80 S., kart. ●

So feiert man Feste fröhlicher
Heitere Vorträge und Gedichte. (0098) Von Dr. Allos, 96 S., 15 Abb., kart. ●

Heitere Vorträge und witzige Reden
Lachen, Witz und gute Laune. (0149) Von E. Müller, 104 S., 44 Abb., kart. ●

Vergnügliches Vortragsbuch
(0091) Von J. Plaut, 192 S., kart. ●

Lustige Vorträge für fröhliche Feiern
(0284) Von K. Lehnhoff, 96 S., kart. ●

Da lacht das Publikum
Neue lustige Vorträge für viele Gelegenheiten. (0716) Von H. Schmalenbach, 96 S., kart. ●

Und wieder lacht das Publikum
Neue Vorträge und Sketche (0982) Von H. Schmalenbach, 112 S., kart. ●

Humor und gute Laune
Ein heiteres Vortragsbuch. (0635) Von G. Wagner, 112 S., 5 Zeichnungen, kart. ●

Humor und Stimmung
Ein heiteres Vortragsbuch. (0460) Von G. Wagner, 112 S., kart. ●

Gereimte Vorträge
für Bühne und Bütt. (0567) Von G. Wagner, 96 S., kart. ●

Narren in der Bütt
Leckerbissen aus dem rheinischen Karneval. (0216) Zusammengestellt von T. Lücker, 112 S., kart. ●

Damen in der Bütt
Scherze, Büttenreden, Sketche. (0354) Von T. Müller, 136 S., kart. ●

Rings um den Karneval
Karnevalsscherze und Büttenreden. (0130) Von Dr. Allos, 144 S., 2 Zeichnungen, kart. ●●

Wir feiern Karneval
Festgestaltung und Reden für die närrische Zeit. (0904) Von M. Zweigler, 120 S., 7 Zeichnungen, kart. ●

Helau und Allaf 1
Närrisches aus der Bütt. (0304) Von E. Müller, 112 S., 4 Zeichnungen, kart. ●

Helau und Allaf 2
Neue Büttenreden für Sie und Ihn. (0477) Von E. Luft, 96 S., kart. ●

Helau und Allaf 3
Neue Reden für die Bütt. (0832) Von H. Fauser, 112 S., 13 Zeichnungen, kart. ●

Helau und Alaaf 4
Neue Büttenreden für Sie und Ihn (0983) Hrsg. H. Fauser, 96 S., 15 s/w-Zeichn., zahlreiche Vignetten, kart. ●

Locker vom Hocker
Witzige Sketche zum Nachspielen. (4262) Von W. Giller, 144 S., 41 Zeichnungen, Pappband. ●●

Sketche und Blackouts zum Nachspielen
(0941) Von E. Cohrs, 112 S., 12 Zeichnungen, kart. ●

Sketche und spielbare Witze
für bunte Abende und andere Feste. (0445) Von H. Friedrich, 112 S., 7 Zeichnungen, kart. ●

Sketche
Kurzspiele zu amüsanter Unterhaltung. (0247) Von M. Gering, 132 S., 16 Abb., kart., ●

Vorhang auf!
Neue Sketche für jung und alt. (0898) Von H. Pillau, 96 S., 22 Zeichnungen, kart. ●

Fidele Sketche und heitere Vorträge
Humor zum Nachspielen. (0157) Von H. Ehnle. 96 S., kart. ●

Witzige Sketche zum Nachspielen
(0511) Von D. Hallervorden, 112 S., kart. ●●

Tolle Sketche
mit zündenden Pointen – zum Nachspielen. (0656) Von E. Cohrs, 112 S., kart. ●

Vergnügliche Sketche
(0476) Von H. Pillau, 96 S., 7 Zeichn., kart. ●

Lustige Sketche
Kurze Theaterstücke für Jungen und Mädchen (0669) Von U. Lietz, U. Lange, 96 S., kart. ●

Spielbare Witze für Kinder
(0824) Von H. Schmalenbach, 112 S., 30 Zeichnungen, kart. ●

Phantasievolles Schminken
Verzauberte Gesichter für Maskeraden, Laienspiel und Kinderfeste. (0907) Hrsg. Von Y. u. H. Nadolny, 64 S., 227 Farbf., kart. ●●

Das große Hausbuch des Humors
(4421) Hrsg. Von E. Heinold, R. Kempowski, 512 S., 286 Abbildungen, Pappband. ●●●

Witze
Lachen am laufenden Band (4241) Von J. Burkert, D. Kroppach; 400 S., 41 Zeichnungen, Pappband. ●●

Die besten Witze und Cartoons des Jahres 5
(0642) Hrsg. Von K. Hartmann, 288 S., 88 Zeichnungen, Pappband. ●●

Die besten Witze und Cartoons des Jahres 6
(0916) Hrsg. Von D. Kroppach, 288 S., 84 Zeichnungen, Pappband. ●●

Die besten Witze und Cartoons des Jahres 7
(0986) Von V.K. Stranimaier, L. Spangler, 288 S., 93 Cartoons, Pappband. ●●

Die besten Kalauer
(0705) Von K. Frank, 112 S., 12 Zeichnungen, kart. ●

Fred Metzlers Witze mit Pfiff
(0368) Von F. Metzler, 112 S., kart. ●

Robert Lembkes Witzauslese
(0325) Von Robert Lembke, 160 S., 10 Zeichnungen von E. Köhler, Pappband. ●●

Die besten Beamtenwitze
(0574) Von W. Pröve, 80 S., 39 Zeichnungen, kart. ●

Horror zum Totlachen
Gruselwitze
(0536) Von F. Lautenschläger, 96 S., 44 Zeichnungen, kart. ●

Herrenwitze
(0589) Von G. Wilhelm, 112 S., 31 Zeichnungen, kart. ●

O frivol ist mir am Abend
Pikante Witze von Fred Metzler. (0388) Von F. Metzler, 128 S., mit Karikaturen, kart. ●

Witze am laufenden Band
(0461) Von F. Asmussen, 118 S., kart. ●

Die besten Ostfriesenwitze
(0495) Von O. Freese, 80 S., 15 Zeichnungen, kart. ●

Spaßvögel
Über sexhundert komische Nummern. (0888) Von E. Zeller, mit Limericks Von W. Müller, 220 S., 200 Vignetten, kart. ●

Total bescheuert
Kinder- und Schülerwitze. (0889) Von G. Geßner und E. Zeller, 220 S., 200 Vignetten, kart. ●

Die hier vorgestellten Bücher, Videokassetten und Software sind in folgende Preisgruppen unterteilt:

● Preisgruppe bis DM 10,–/S 79,–/Fr.10
●● Preisgruppe über DM 10,– bis DM 20,–, S 80,– bis S 160,–, Fr. 10,– bis Fr. 18,70
●●● Preisgruppe über DM 20,– bis DM 30,–, S 161,– bis S 240,–, Fr. 18,70 bis Fr. 27,70
●●●● Preisgruppe über DM 30,– bis DM 50,–, S 241,– bis S 400,–, Fr. 27,70 bis Fr. 46,–
●●●●● Preisgruppe über DM 50,–/S 401,–/Fr.46,–
*(unverbindliche Preisempfehlung)

Die Preise entsprechen dem Status beim Druck dieses Verzeichnisses (s. Seite 1) – Änderungen, im besonderen der Preise, vorbehalten –

Falken-Verlag GmbH · Postfach 1120 FALKEN D-6272 Niedernhausen/Ts. · Tel.: 06127/7020

Heller Wahnwitz
(0887) Von D. Kroppach, 220 S., 200 Vignetten, kart. ●

Die Kleidermotte ernährt sich von nichts, sie frißt nur Löcher
Stilblüten, Sprüche und Widersprüche aus Schule, Zeitung, Rundfunk und Fernsehen. (0738) Von P. Haas, D. Kroppach, 112 S., zahlreiche Abb. kart. ●

Witzig, witzig
(0507) Von E. Müller, 128 S., 16 Zeichnungen, kart. ●

Die besten Kinderwitze
(0757) Von K. Rank, 112 S., 28 Zeichnungen, kart. ●

Ich lach mich kaputt! Die besten Kinderwitze
(0545) Von E. Hannemann, 96 S., 10 Zeichnungen, kart. ●

Lach mit!
Witze für Kinder, gesammelt von Kindern. (0468) Von W. Pröve, 96 S., 17 Zeichnungen, kart. ●

Spiele und Denksport

Kartenspiele
(2001) Von C.D. Grupp, 144 S., kart. ●

Neues Buch der siebzehn und vier Kartenspiele
(0095) Von K. Lichtwitz, 96 S., kart. ●

Alles über Pokern
Regeln und Tricks. (2024) Von C.D. Grupp, 112 S., 29 Kartenbilder, kart. ●

Rommé und Canasta
in allen Variationen. (2025) Von C.D. Grupp, 88 S., 24 Zeichnungen, kart. ●

Schafkopf, Doppelkopf, Binokel, Cego, Tarock und andere Stammtischspiele. (2015) Von C.D. Grupp, 112 S., kart. ●●

Black Jack
Regeln und Strategien des Kasinospiels. (2032) Von K. Kelbratowski, 88 S., kart. ●

Das Skatspiel
Eine Fibel für Anfänger. (0206) Von K. Lehnhoff, 96 S., kart. ●

Spielend Skat lernen
unter freundlicher Mitarbeit des Deutschen Skatverbandes. (2005) Von Th. Krüger, 156 S., 181 s/w-Fotos, 22 Zeichn., kart. ●

Falken-Handbuch **Pätiencen**
Die 111 interessantesten Auslagen. (4151) Von U.v.Lyncker, 216 S., 108 Abbildungen, Pappband. ●●●

Patiencen
in Wort und Bild. (2003) Von I. Wolter-Rosendorf, 120 S., kart. ●

Neue Patiencen
(2036) Von H. Sosna, 160 S., 43 Farbtafeln, kart. ●●

Herausforderung im Bridge
200 Aufgaben mit Lösungen. (2033) Von V. Mollo, 152 S., kart. ●●

Falken-Handbuch **Bridge**
Von den Grundregeln zum Turnierspiel. (4092) Von W. Voigt und K. Ritz, 280 S., 792 Zeichnungen, gebunden. ●●●●

Spielend Bridge lernen
(2012) Von J. Weiss, 96 S., 58 Zeichnungen, kart. ●

Präzisions-Treff im Bridge
(2037) Von E. Jannersten, 152 S., kart. ●●

Spieltechnik im Bridge
(2004) Von V. Mollo und N. Gardener, deutsche Adaption Von D. Schröder, 152 S., kart. ●●

Besser Bridge spielen
Reiztechnik, Spielverlauf und Gegenspiel. (2026) Von J. Weiss, 144 S., 60 Diagramme, kart. ●●

Kartentricks
(2010) Von T.A. Rosee, 80 S., 13 Zeichnungen, kart. ●

Neue Kartentricks
(2027) Von K. Pankow, 104 S., 20 Abb., kart. ●

Das japanische Brettspiel Go
(2020) Von W. Dörholt, 104 S., 182 Diagramme, kart. ●

Mah-Jongg
Das chinesische Glücks-, Kombinations- und Gesellschaftsspiel. (2030) Von U. Eschenbach, 80 S., 30 s/w-Fotos, 5 Zeichn., kart. ●

Backgammon
für Anfänger und Könner. (2008) Von G.W. Fink und G. Fuchs, 104 S., 41 Abb., kart. ●

Das Backgammon-Handbuch
(4422) Von E. Heyken, M.B. Fischer, 232 S., 400 Abbildungen, Pappband. ●●●●

Würfelspiele
für jung und alt. (2007) Von F. Pruss, 112 S., 21 s/w-Zeichnungen, kart. ●

Roulette richtig gespielt
Systemspiele, die Vermögen brachten. (0121) Von M. Jung, 96 S., zahlreiche Tabellen, kart. ●

Spielend Roulette lernen
(2034) Von E.P. Caspar, 152 S., 1 s/w-Foto, 45 Zeichnungen, kart. ●●

Gesellschaftsspiele
für drinnen und draußen. (2006) Von H. Görz, 112 S., kart. ●

Spiele für Party und Familie
(2014) Von Rudi Carrell, 80 S., 22 Zeichnungen kart. ●

Neue Spiele für ihre Party
(2022) Von G. Blechner, 120 S., 54 Zeichnungen, kart. ●

Lustige Tanzspiele und Scherztänze
für Partys und Feste. (0165) Von E. Bäulke, 80 S., 53 Abb. kart. ●

Magische Zaubereien
(0672) Von W. Widenmann, 64 S., 31 Zeichnungen, kart. ●

Zaubertricks für jedermann
(0282) Von J. Merlin, 176 S., 113 Abb., kart. ●●

Zaubern
einfach – aber verblüffend. (2018) Von D. Bouch, 84 S., 41 Zeichnungen, kart. ●

Scherzfragen, Drudel und Blödeleien
gesammelt von Kindern. (0506) Hrsg. von W. Pröve, 80 S., 57 Zeichnungen, kart. ●

Kinderspiele
die Spaß machen. (2009) Von H. Müller-Stein, 104 S., 28 Abb., kart. ●

Spiele für Kleinkinder
(2011) Von D. Kellermann, 80 S., 23 Abb., kart. ●

Spiel und Spaß am Krankenbett
für Kinder und die ganze Familie. (2035) Von H. Bücken, 96 S., 97 Zeichnungen, kart. ●

Guten Tag, Kinder!
Neue Texte mit Spielanleitungen fürs Kasperletheater. (0861) Von U. Lietz, 96 S., 18 s/w-Zeichnungen, kart. ●

Kasperletheater
Spieltexte und Spielanleitungen · Basteltips für Theater und Puppen. (0641) Von U. Lietz, 114 S., 4 Farbtafeln, 12 s/w-Fotos, 39 Zeichnungen, kart. ●

Kindergeburtstage, die keiner vergißt
Planung, Gestaltung, Spielvorschläge. (0698) Von G. und G. Zimmermann, 104 S., 80 Vignetten, kart. ●

Kindergeburtstag
Vorbereitung, Spiel und Spaß. (0287) Von Dr. I. Obrig, 136 S., 40 Abb., 11 Zeichnungen, 9 Lieder mit Noten, kart. ●

Kinderfeste
daheim und in Gruppen. (4033) Von G. Blechner, 240 S., 320 Abb., kart. ●●

Das Geheimnis der magischen Ringe
Alles über das Puzzle vom Würfel-Erfinder. Die schönsten Figuren. (0878) Von Dr. Ch. Bandelow, 96 S., 198 Zeichnungen, 8 Cartoons, kart. ●

Die schnellste Lösung und zahllose Varianten
Rubik's C·L·O·C·K™
Genehmigte Ausgabe
(1019) Von J. Trajber, 64 S., 149 Zeichnungen, kart. ●

Knobeleien und Denksport
(2019) Von K. Rechberger, 142 S., 105 Zeichnungen, kart. ●

Quiz
Mehr als 1500 ernste und heitere Fragen aus allen Gebieten. (0129) Von R. Sautter und W. Pröve, 92 S., 9 Zeichnungen, kart. ●

Das Super-Kreuzwort-Rätsel-Lexikon
Über 150.000 Begriffe. (4279) Von H. Schiefelbein, 688 S., Pappband. ●●

500 Rätsel selberraten
(0681) Von E. Krüger, 272 S., kart. ●

501 Rätsel selberraten
(0711) Von E. Krüger, 272 S., kart. ●

Riesen-Kreuzwort-Rätsel-Lexikon
über 250.000 Begriffe. (4197) Von H. Schiefelbein, 1024 S., Pappband. ●●●

Die hier vorgestellten Bücher, Videokassetten und Software sind in folgende Preisgruppen unterteilt:

● Preisgruppe bis DM 10,–/S 79,–/Fr.10
●● Preisgruppe über DM 10,– bis DM 20,– S 80,– bis S 160,– Fr. 10,– bis Fr. 18,70
●●● Preisgruppe über DM 20,– bis DM 30,– S 161,– bis S 240,– Fr. 18,70 bis Fr. 27,70
●●●● Preisgruppe über DM 30,– bis DM 50,– S 241,– bis S 400,– Fr. 27,70 bis Fr. 46,–
●●●●● Preisgruppe über DM 50,–/S 401,–/Fr.46,–
*(unverbindliche Preisempfehlung)

Die Preise entsprechen dem Status beim Druck dieses Verzeichnisses (s. Seite 1) – Änderungen, im besonderen der Preise, vorbehalten –

Computer-Bücher und Software

FALKEN Computer Lexikon
(4185) 312 S., 173 s/w-Fotos, Pbd. ●●●

Computer-Grundwissen
Eine Einführung in Funktion und Einsatzmöglichkeiten. (4302) Von W. Bauer, 176 Seiten, 193 Farb- und 12 s/w-Fotos, 37 Computergrafiken, kart. ●●● (4301) Pbd. ●●●●

Grundwissen Informationsverarbeitung
(4314) Von H. Schiro, 312 S., 59 s/w-Fotos, 133 s/w-Zeichnungen, Pappband. ●●●●●

Computergrafik
Von den Grundlagen bis zum perfekten 3 D-Programm. (4319) Von A. Brück, 296 S., 20 Farbtafeln, 180 s/w-Grafiken, 50 s/w-Zeichn., 83 Listings, Pappband. ●●●●●

Die tägliche PC-Praxis
Anwendungshilfen, Programme und Erweiterungen für MS-DOS-Computer
(4322) Von A. Görgens, 224 S., 25 Abbildungen, kart. ●●●●

Microsoft Word
Textverarbeitung, MailMerge und Desktop Publishing im Selbststudium
Für alle Versionen bis 4.0
(4328) Von A. Görgens, 160 S., 120 Abbildungen, kart. ●●●●

WORDSTAR 2000
Textverarbeitung für Einsteiger und Profis
Mit erprobten Anwendungen aus der Praxis.
(4317) Von D. Nasser, 200 S., 9 s/w-Fotos, 3 Zeichnungen, kart. ●●●●●

dBase III
Einführung für Einsteiger und Nachschlagewerk für Profis. (4310) Von J. Brehm, G.A. Karl, 211 S., 23 Abb., kart. ●●●●●

dBASE III PLUS dBASE IV
Der einfache Weg zur individuell programmierten Datenbank
Mit Tutor-Diskette
(4326) Von P. Vogel, Th. Kregeloh, M. Hofmann, 272 S., 63 Abb., kart. ●●●●●

Open Access II
Textverarbeitung, Kalkulation und Datenverarbeitung im Selbststudium
(4327) Von A. Görgens, 184 S., 108 Abbildungen, kart. ●●●●

Textverarbeitung mit Home- und Personal-Computern
Systeme – Vergleiche – Anwendungen.
(4316) Von A. Görgens, 128 S., 49 s/w-Fotos, kart. ●●●●

Drucker und Plotter
Text und Grafik für Ihren Computer.
(4315) Von K.-H. Koch, 192 S., 12 Farbtafeln, 5 s/w-Fotos, kart. ●●●●

WordStar Praxis professionell
Für die Versionen 3.4/3.45/4.0
Erweiterungen · Praxis-Tips · Datenaustausch · Desktop Publishing. (4324) Von A. Görgens, 172 S., 2 s/w-Fotos, 2 s/w- Zeichnungen, 116 s/w-Grafiken, kart. ●●●●

Desktop Publishing
Setzen und Drucken auf dem Schreibtisch.
(4323) Von A. Görgens, 120 S., 11 s/w-Fotos, 72 Zeichnungen, kart. ●●●

Einführung in die Programmiersprache BASIC.
(4303) Von S. Curran und R. Curnow, 192 S., 92 Zeichnungen, kart. ●●

Intelligenz in BASIC
für Schneider CPC 464/664/6128. Mit Diskette 3''. (4320) Von K.-H. Koch, 160 S., 14 Zeichnungen, kart. ●●●●●

Garantiert BASIC lernen mit dem C 128
Mit kompletter Kurs-Diskette
(4321) Von A. Görgens, 288 S., 4 s/w-Fotos, 83 Zeichnungen, kart. ●●●●

Lernen mit dem Computer.
(4304) Von S. Curran und R. Curnow, 144 S., 34 Zeichnungen, Spiralbindung, ●●

Heimcomputer-Bastelkiste
Messen, Steuern, Regeln mit C 64-, Apple II-. MSX-, TANDY-, MC-, Atari- und Sinclair-Computern. (4309) Von G.A. Karl, 256 S., 160 Zeichnungen, kart. ●●●●

Schach mit dem Computer
(0747) Von D. Frickenschmidt, 140 S., 112 Diagramme, 29 s/w-Fotos, 5 Zeichnungen, kart. ●●

Bestellschein

Erfüllungsort und Gerichtsstand für Vollkaufleute ist der jeweilige Sitz der Lieferfirma. Für alle übrigen Kunden gilt dieser Gerichtsstand für das Mahnverfahren. Falls durch besondere Umstände Preisänderungen notwendig werden, erfolgt Auftragserledigung zu dem bei der Lieferung gültigen Preis.
Ich bestelle hiermit aus dem Falken-Verlag GmbH, Postfach 11 20, D-6272 Niedernhausen/Ts., durch die Buchhandlung:

Ex. ____________________

Ex. ____________________

Ex. ____________________

Ex. ____________________

Name: ____________________

Straße: __________ Ort: __________

Datum __________ Unterschrift: __________

Die hier vorgestellten Bücher, Videokassetten und Software sind in folgende Preisgruppen unterteilt:

- ● Preisgruppe bis DM 10,–/S 79,–/Fr.10
- ●● Preisgruppe über DM 10,– bis DM 20,– S 80,– bis S 160,– Fr. 10,– bis Fr. 18,70
- ●●● Preisgruppe über DM 20,– bis DM 30,– S 161,– bis S 240,– Fr. 18,70 bis Fr. 27,70
- ●●●● Preisgruppe über DM 30,– bis DM 50,– S 241,– bis S 400,– Fr. 27,70 bis Fr. 46,–
- ●●●●● Preisgruppe über DM 50,–/S 401,–/Fr.46,–

*(unverbindliche Preisempfehlung)

Die Preise entsprechen dem Status beim Druck dieses Verzeichnisses (s. Seite 1) – Änderungen, im besonderen der Preise, vorbehalten –